SV

João Ubaldo Ribeiro

Der Heilige, der nicht an Gott glaubte

Ganz einfache Geschichten

Aus dem brasilianischen Portugiesisch
von Ray-Güde Mertin

Suhrkamp Verlag

Die Originalausgabe erschien 1981 unter dem Titel
Livro de histórias bei Editora Nova Fronteira S. A.,
Rio de Janeiro

Die Übersetzung wurde gefördert von der
Stiftung Vitae – Apoio à Cultura, Educação e Promoção Social
und dem *Instituto Nacional do Livro/Fundação Pró-Leitura*
do Ministério da Cultura do Brasil.

Erste Auflage 1992

Druck: Freiburger Graphische Betriebe, Freiburg
Printed in Germany

Der Heilige, der nicht an Gott glaubte

Alandelon de la Patrie

Ich verstehe Leute nicht, die Rindvieh mögen. Früher wurden hier viel Gudscharat-Rinder gezüchtet, für mich sehen die alle aus wie gemeine Lügner, Verbrecher und Zyniker. Außerdem haben die meisten von denen Ränder unter den Augen und zeigen, wie abgrundtief verdorben sie sind, wenig vertrauenswürdig. Wer schon mal auf der Weide oder sogar im Korral mit einem Gudscharat zusammen war, der weiß, daß er dem nicht den Rücken zudrehen kann und auf der Hut sein muß, denn der Gudscharat greift an, und das ist dann kein Scherz. Was mich angeht, ich tu hier alle möglichen Arbeiten auf der Fazenda, da gibt es nur einen Stier, der gut mit mir auskommt, den Bundão, der ist eigentlich der Herr, ein holländischer Stier und wohlerzogen. Also in dem Fall, wenn es notwendig ist, geh ich hin und kümmere mich um Bundão, auch ohne groß Spaß daran zu haben, aber ganz in Ruhe, wo der holländische Stier doch von Natur aus ein vornehmes Geschöpf mit guten Manieren ist, man sieht doch gleich, daß er wirklich Holländer ist. Bei dem zu Hause gibt es bestimmt Könige und Königinnen, und weil der Stier ein Stier aus Holland ist, wird er dort vornehm erzogen. Und der Stier deckt die Kühe mit einem richtigen Pflichtgefühl, da schaut man gerne zu, denn eine holländische Kuh, die ist auch ganz fein erzogen, und wenn der Bundão sich an einer von denen zu schaffen macht, das sehen sich sogar die Besucher gern an, denn wenn er von der Kuh runtersteigt, da fehlt nur noch, daß er sich bedankt und sie ihn anlächelt. Das ist wirklich eine sehr wohlerzogene Angelegenheit. Dieser Bundão, der wird übrigens alt, und wenn möglich, mische ich unter den Zuckerrohrtrester, den er gern frißt, ein paar Erdnüsse, damit er sein Instrument ausrollen kann und seine feste Anstellung behält – wenn Bundão nämlich eines Tages kein Haudegen mehr ist, na, dann adieu Bundão, und da werd ich möglicherseits noch Sehnsucht nach ihm haben, wo er doch ein Stier ist, der einen immer auf Abstand hält, aber mich behandelt er mit einer Feinheit, als hätte er die Oberschule besucht. Wenn ich eines Tages mal einen Happen von Bundãos Wanst esse, tu ich das widerwillig. Ich eß dann, weil in diesem Leben jeder den anderen verschlingt und weil es besser ist, wenn der Mensch das Rind ißt als umgekehrt, das ist eine Frage der Politik, grad weil das Rind nicht sprechen kann.

Früher war das nicht so wie heute, das heißt, diese ganze Organisation. Daß ein Gudscharat die Kühe decken sollte, also absurd. Einer, der auf den Namen Bombay-Nonô hörte, ein Gudscharat, der pinselte zwischen den Kühen von seiner Rasse herum, und wenn eine sich willig zeigte, dann sah es fast so aus, als würde er bezahlen und hätte Anrecht auf irgendwas, die Kuh hatte nicht mal Zeit, sich richtig hinzustellen, so kam er angeschnaubt mit voller Montur, und für eins bin ich Gott dankbar, daß ich nicht als Kuh von diesem Gudscharat auf die Welt gekommen bin. Und außerdem, mehr als einmal mußten die Rinderhirten beim richtigen Einfädeln helfen, denn der nahm keine Rücksicht, der stieß rein, wo er grade ein Hinterteil von einer Kuh fand. Ein rückständiger Stier war das, ein ausgemachter Dummkopf. Wenn ich nur an Bombay-Nonô denke, wie er mit den Kühen umging, da kommt mirs Zittern, die Kuh muß viel aushalten. Wenn man vergleicht, wie Bundão die holländischen Kühe und wie Nonô die Gudscharat-Kühe behandelt, da sieht man erst den Unterschied zwischen einem blonden, wohlerzogenen Geschöpf wie Bundão und einem eingefärbten Geschöpf ohne Prinzipien wie Nonô. Darum und überhaupt will ich in meinem nächsten Leben, so Gott will und es mir vergönnt ist, weiß und wohlerzogen auf die Welt kommen. Nicht so wie Nonô, der ankommt und die Kuh einfach aufreißt, obwohl er ja sehr bewundert wird in der ganzen Gegend und die Leute sagen, daß es sogar Frauen gibt, die, wenn sie begeistert das Tier mit zwei Rücken spielen, den Mann anspornen und sagen, »gibs ihr, Nonô!«, aber für mich sind diese Frauen alle Gudscharat-Kühe, ja, das finde ich, ich bin für Zärtlichkeit, solche Schweinereien gibt es nur, wenn eine darum bettelt oder sie wirklich verdient.

Na ja, mit solchen wie Nonô und Bundão und noch einer ganzen Reihe von Zuchtstieren, die in dieser Gegend einen gewissen Ruf haben, ist immer alles ganz normal gelaufen. Manchmal denkt man, der Hahn unterhält sich mit seinem Schatten oder diskutiert über Wahlen oder so was, und plötzlich, da stolziert er daher und pickt die Hennen und geht ihnen an den Steiß und erledigt die ganze Arbeit mir nichts, dir nichts, wie ein Blitz. Die Eier daraus sind braun und nicht hell, befruchtet und nicht verkümmert und ausgesprochen nahrhaft, oder es schlüpfen Küken aus, und alle Hennen treibens weiter, wie unser Herrgott es eingerichtet hat. Der Leguan, der hat zwei Ruten, eine rechts, eine links, und so wird jedes Leguan-Weibchen, ob von rechts oder von links, gut versorgt, aber er nimmt sich nur ein Weibchen zur Zeit vor und nutzt nicht aus, daß er zwei auf einmal nehmen könnte. Und das ist nicht eine Frage der Eitelkeit, es geht darum, keine Zeit zu verlieren, weil der Leguan in Wahrheit nämlich viele Fliegen verzehren muß, und es gibt außerdem eine ganze Menge andere Tiere, die gern einen Leguan fressen, also muß er auf der Hut sein. Der Kolibri vögelt in der Luft, mal im Vorbeifliegen, mal grüßt er erst und dann gehts los, und sein Herz puckert, und er stirbt früh, beim Blumenküssen und mit puckerndem Herzen. Die Eselin und die Stute, die haben das gern, wenn sie gedeckt werden, und es gibt Eselinnen, die treten immer so nach dem Esel, den ganzen Nachmittag lang, bis sie haben, was sie wollen, und dann knirschen sie mit den Zähnen und sabbern und bewundern den Esel ganz unheimlich, wenn er richtig auf ihr Stubsen eingegangen ist. Das Schildkrötenmännchen schnarcht auf dem Weibchen, das hat eine Engelsgeduld, die sind ja so gebaut, daß es nicht ganz leicht ist, und deshalb schnarcht das Männchen dabei. Der Enterich und der Keiler, die machen das so mit reindrehen, und manche behaupten, sie wollen damit das Weibchen betäuben, das starrt vor sich hin, bis es ganz verdreht ist. Der Kater hat Dornen, die bringen die Katze zum Bluten, wenn er sie stößt, das Bluten muß sein, sonst wird sie nicht schwanger. Der Gottesanbeter hält still, und bevor die Gottesanbeterin fertig ist, frißt sie ihn schon auf, und er verschwindet ganz in ihrem Bauch. So was kann man hier alles beobachten und noch viel mehr, wie die Kröten und Frösche in den Lagunen sich im Wasser paaren, bis zu den Geräuschen von den größeren Tieren. So ist nämlich die Natur eingerichtet, bei jeder Paarung, da spürt man ihre Kraft.

Also wir sind ja nicht mehr natürlich in dieser modernen Zeit. Obwohl ich selber, ich mag ja keine Stiere und verstand auch nicht viel davon, bis alles anders wurde, weil verschiedene Doktoren und so zu Besuch kamen. Nach lauter Ankündigungen und viel Aufregung haben wir dann den großen Käfig zum Bahnhof geschafft, wie ein Fest war das, es fehlte nur noch eine Musikkapelle, um den großen französischen Charolais-Stier abzuholen, der noch vor seiner Ankunft bei uns den Namen Alandelon bekam. Jeder französische Name hört ja mit »on« auf, und er sollte eigentlich Napoleon heißen, das war nämlich ein prachtvoller Franzose, der in England einmarschiert ist und D. João VI aus dem Sattel gehoben hat, also der hat schwer was angerichtet und kannte kein Pardon. Aber man fand Alandelon besser, das ist ein sehr angesehener Künstler aus Frankreich, und was ich so gehört habe, hatten die Kühe allen Grund, seine Ankunft groß zu feiern.

Also, dieser Alandelon, als ich den sah, fand ich gleich, der wär so traurig, ein ganz dunkles Fell, wie in Trauer. Zuerst dachte ich, die Stiere aus Frankreich wären so geartet, man weiß ja, daß die Franzosen ihre Schamlosigkeit mit größter Diskretion treiben, nicht so wie Bombay-Nonô das macht. Aber trotzdem, wie konnte dieser Stier so traurig sein, wo er jetzt doch wie ein Monarch untergebracht sein würde, mit Massagen und feinem Futter, Strählen und Vitaminen? Und wenn die Kühe, die er besteigen sollte, auch keine französischen waren, nicht vom Feinsten, waren die trotzdem nicht zu verachten, vor allem, weil nun Sommeranfang war und überall auf der Fazenda die große Vögelei im Gange war, sogar die Stechfliegen machten die Fliegenweibchen richtig heiß, die Tausendfüßler die Tausendfüßlerinnen und so weiter, um nur einige zu nennen wie die Goldhasen, von denen ja jeder weiß, daß sie rammeln auf Teufel komm raus, wenn sie nicht grade fressen, ob im Sommer oder im Winter. Und dann kommt da so ein Tier in Schwarz gekleidet, aber das will nichts heißen, man denke an Pater Barretinho, Gott hab ihn selig, ich habe nichts gesagt.

So eine Anstellung wie dieser Stier würden sich viele von uns erträumen, und da steht er todtraurig, ist einem fast unsympathisch. Dabei ist er so groß und vierschrötig wie ein Elefant, ganz in Schwarz und mit einem Trauergesicht, daß er einem leid tut, wo er eigentlich mit dem Schwanz wedeln, ein bißchen sabbern und sein Werkzeug bereithalten sollte. Aber daran sieht man, daß ein Tier auch seinen Verstand hat, denn dieser Alandelon wußte schon ganz genau, was ihm bevorstand, und deshalb konnte er sich nicht freuen, recht hatte er, der Ärmste.

Als ich das erfuhr, war ich schockiert. Es waren schon ein oder zwei Wochen vergangen, Alandelon in seinem belüfteten, schicken Apertament, sogar mit einem amerikanischen Gerät gegen die Fliegenplage, und als ich ein paar Eimer und Tröge holen ging, habe ich gefragt, wann denn sein Urlaub vorbei wäre und wann er rauskäme, um die Kühe zu decken.

»Wo er so berühmt ist, wollen alle dabeisein«, sagte ich. »Der kann das bestimmt großartig.«

»Ja, aber der wird gar keine Kuh decken«, antwortete Dr. Crescêncio, der so eine Art Kuhingenieur ist und hier die Leute unterweist und ein Kuh-Studium absolviert hat.

»Ach, und wozu ist das Vieh da? Ist der nicht Zuchtstier?«

»Glaubst du vielleicht, so einen Stier wie den lassen wir sich einfach an die Kühe verschwenden? Nein, mein Lieber! Alles, was da rauskommt, ist Gold wert. Wir zapfen das ab, legen es auf Eis und spritzen es den Kühen ein. Und so geht nichts verloren.«

Dabei hatte Alandelon ein bißchen den Kopf rausgestreckt, und ich sah, daß er schon Brasilianisch konnte, oder es in Frankreich studiert hatte, weil er die ganze Unterhaltung verstand und den Kopf noch mehr hängen ließ als vorher, so ein Jammerbild war das, herzzerreißend. Ich habe gefragt, wie man das Material gewinnt, ob sie dem Ärmsten eine Nadel in die Klöten jagen, aber Dr. Crescêncio sagte, nein. Daß sie alle paar Tage Leute hätten, die hingingen und die Manipulation machten.

»Was ist das für eine Manipulation?«

»Wenn du willst, kannst du zusehen, gleich werden wir abzapfen.«

»Läßt der Stier sich das gefallen, Herr Doktor?«

»Na klar, der ist daran gewöhnt.«

Und wirklich, Alandelon war zwar nicht begeistert, aber er machte auch keine Schwierigkeiten, man sah, daß er in seinem Beruf geübt war. Er sah die Manipulationsleute und stellte sich breitbeinig hin und sah von einer Seite zur anderen und wartete auf das Abzapfen, ganz vernünftig, ohne einen Muckser. Es tat einem richtig leid, so ein angesehener Stier, mit so viel Auszeichnungen und so, und dann nannten sie ihn einen jungfräulichen Zuchtstier. Am Ende zogen die Manipulationsleute noch ein bißchen, aber er muckte und ruckte nicht, er stand da und ließ diese Demütigung über sich ergehen, machte gute Miene zum bösen Spiel. Wie kann ein Vieh nur so was über sich ergehen lassen – und dazu ein Franzose?

Vielleicht wird sein Beruf in Frankreich mehr geachtet, aber hier in diesem Kaff, da dauerte es nicht lange, und er bekam ein paar Spitznamen – Alter Wichser, Kalter Schlauch, Kostverächter, Windbeutel, Eisknüppel, Tröpfchenstoßer, Handbetrieb und noch ein paar –, wir lachten darüber, aber wir spürten, daß es nicht recht war, über das Unglück eines andern zu scherzen.

Da faßten wir einen Plan, wir wollten Alandelon etwas Gutes tun mit der Kuh Honigblume, die war nicht reinrassig, aber kräftige Flanken hatte sie, und stramm war sie und eine Kuh mit viel Lebenserfahrung, vor allem weil sie, wie viele behaupten, die Geliebte von Bombay-Nonô gewesen war, und die Leute sagen, daß die beiden ein paar Halme gefressen hatten, manche nennen das Angola-Kraut beziehungsweise Haschisch, und sie haben mächtig eins draufgemacht, und zwar, bevor sich Nonô die Maul- und Klauenseuche bei einem Zug durch die Gemeinde geholt hatte und dann alt und verseucht und obendrein von allen verachtet krepiert war. Also, Honigblume war bestimmt kein junges Mädchen mehr, aber es ist ja bekannt, daß die Franzosen was für ältere Frauen übrig haben. Und außerdem war Honigblume immer bereit, was man nicht von allen Kühen behaupten kann, auch wenn es Kühe sind oder grade darum.

Mit Emanuel und dem kleinen Ruidenor haben wir also ausgemacht, daß Honigblume in den kleinen Kurral sollte, in der Nähe von Alandelons Apertament, und nachts würden wir den Franzosen rauslassen. Gesagt, getan, sogar mit Mondschein. Als wir die Tür aufmachten, erschreckte sich das Vieh, er war nicht dran gewöhnt. Und wollte partout nicht raus, und wir haben ihm so zugeredet. Emanuel schlug sogar vor, wir sollten ihn an seinem Riemen zwicken, damit er Lust bekommt, aber alle hatten Angst, dann meint er womöglich, da käme einer von der Manipulation und wollte die Arbeit weitermachen und einen Stier von diesem Kaliber, den darf man nicht reizen. Jedenfalls haben wir soviel angestellt, daß das Vieh schließlich ein bißchen verwundert zum Kurral ging. Und Honigblume, da habe ich erst richtig gesehen, daß die es faustdick hinter den Ohren hat, die blähte gleich die Nüstern in Alandelons Richtung und kam immer näher, aber der Stier blieb ungerührt.

»Ob sie vielleicht gerade eine Manipulation gemacht haben, und er ist noch schlapp?« fragte Emanuel.

»Nein, ach wo!« sagte Ruidenor, der es gar nicht abwarten konnte. »Schiebt das Vieh nah ran, los, schiebt ihn ran!«

Ich weiß nicht, wieviel tausend Zentner so ein verdammtes Vieh wiegt, jedenfalls haben wir geschoben und geschoben, »los, Alandelon«, »los, Alandelon«, und Honigblume stand da so erwartungsvoll, es fehlte bloß noch, daß wir den Unglücksstier mit einem Wagenheber vom Laster hochgehievt hätten, es half alles nichts. Als wir schon aufgeben wollten, sah er nach links und dann nach rechts und dann zu mir und dann zu Emanuel, und dann hüpfte er so ein bißchen auf die Kuh rauf, die rückte sich gleich richtig zurecht, diese raffinierte Kuh hatte es immer noch nicht aufgesteckt, den Franzosen zu vernaschen.

»Na also, jetzt kommt er, jetzt! Nur Mut, Alandelon!«

Aber der französische Stier hatte wohl wenig Selbstvertrauen, denn mitten in diesem kleinen Ruck nach oben, der nicht so aussah, als würde er an Honigblume rankommen, verdrehte Alandelon die Augen, gluckste irgendwie und ließ alles auf den Boden runter.

»Jessesmaria, da sind mehr als siebenhunderttausend Contos auf dem Boden verschüttet!« rief Emanuel. »Los, wir bringen den Stier wieder rein!«

Und natürlich konnte man in so einer Situation das Vieh nur zurückbringen, der schämte sich ja so, und Honigblume war so sauer, und man konnte sehen, daß sie Sehnsucht hatte nach Bombay-Nonô. Kein Sterbenswörtchen am nächsten Tag wegen dem verschütteten Edelmaterial von Alandelon. Und es hat wohl keiner gemerkt, wir drei waren ziemlich aufgeregt bei der nächsten Manipulation, aber Alandelon hat gespurt wie immer, und niemand hat sich über seine Produktion beklagt. Nur wir drei haben gemerkt, daß er ganz befangen war, immer wenn er einen von uns sah, aber wir haben das verstanden und respektiert, also keiner hat was gesagt. Und überhaupt haben wir dann erst herausgefunden, daß Alandelon eine Genossenschaft war, denn keiner hatte das Geld, ihn allein zu bezahlen, und deshalb sollte er erst auf einer Fazenda produzieren, dann auf der nächsten und so immer weiter. Es kam der Tag, wo wir ihn wieder in den Käfig packten und zum Zug brachten. Man kann nicht sagen, daß er Freunde hinterlassen hätte, aber auch keine Feinde. Und wir drei wußten ja genau, daß er wirklich für seinen Beruf geboren war, er konnte nur auf diese Weise arbeiten, er war eben spezialisiert, da konnte man nichts machen. Aber Emanuel ist ihm bei der Abfahrt mit der Hand noch über den Kopf gestrichen und hat gesagt: »Gott möge dir beistehen, Alandelon.« Und der Besitzer hier von der Fazenda, der hat das gesehen, aber nichts gesagt, der war vollauf zufrieden mit dem Geld, was er durch die Arbeit vom Franzosen verdient hatte. Als der Zug abfuhr, sang er leise vor sich hin:

»Alandelon de la Patri-i-i-ie!«

Er dachte, ich verstehe das nicht, aber ich habs verstanden. Er hat ein Stück von der französischen Nationalhymne gesungen, nur hat er Napoleon durch Alandelon ersetzt. Auf französisch heißt das »Alandelon von unserem Vaterland«. Von denen ihrem.

Der gute Wolfsbarsch von Freund Edy

WENN EDY NICHT DAS MIT DEM BAUCH MACHTE, dann spielte er Fußball oben auf dem Hügel oder erlernte das Maler-Handwerk oder lauerte dem Wolfsbarsch auf. Die Bauchbewegungen von Edy sind eine höchst interessante Sache. Also in Bahia, da wäre er schon im Fernsehen aufgetreten, und ich bin sicher, daß der Mann vom Fernsehen ihn auch nach Rio mitnehmen würde, und dann bin ich sicher, daß anschließend hier Leute auftauchen würden, um seinen Bauch zu bewundern, natürlich nur, wenn er vorher in Rio gewesen wär. Das muß man gesehen haben, um diese Bewegungen zu verstehen, denn er selber bewegt sich nicht, nur sein Bauch, auf dem laufen Wellen wie bei der Wasserschlange, ab und zu kräuselt sich der Bauch, also das muß man gesehen haben, sonst glaubt man das nicht. Heute ist er Beamter, und allein mit der guten Raimunda hat er zehn Kinder, außer meinem Patenkind, das ist gestorben; heutzutage zeigt er die Bewegungen nicht mehr einfach so, da muß man schon richtig mit ihm befreundet sein. Aber damals hat er ganz Itaparica den Bauch gezeigt, und ich war es schon leid, immer ein Kreis Leute um ihn herum, alle zahlten ihm ein Bier, dem Edy, weil, wenn er Bier trinkt, dann funktionierte das mit seinem Bauch besser.

Vom Fußball gibts nicht ganz so viele gute Erinnerungen. Obwohl Freund Edy mit seiner Statur, so etwa sechseinhalb Fuß groß und an die 85 Kilo schwer, ein Spieler war, mit dem man rechnen mußte. Edy hat immer den Didi do Alto markiert, als niemand Didi markiert hat. Und jeder weiß, daß da ein paar Figuren ins Spiel gingen, um Didi zu markieren, und nach dem Spiel behaupteten sie dann, sie wären gar nicht dafür reingegangen, nur damit sie nicht ganz so jämmerlich dastanden, denn Didi konnte gemein sein. Einmal, da hat Didi einen Verteidiger vom Bahia-Club überrumpelt, die waren damals immer zum Training hier, jetzt nicht mehr, wegen der Radiktivität, und als der Verteidiger das merkte, da hatte Didi schon den Ball an der Ferse und von der andern Seite über ihn rüber geschossen. Die Leute sagen, dieser Verteidiger, der hätte sich so blamiert, der würde nie mehr den Fuß auf unsere Insel setzen. Wenn Didi aus São Paulo wäre oder sagen wir aus Minas, dann würde Pelé aber alt aussehen. Vielleicht nicht Pelé, aber viele andere Topspieler. Didi war eigentlich so toll wie der große alte Zizinho. Oder wie Maneca vom Vasco Club vielleicht, von dem war der Bruder übrigens Steuereintreiber auf unserer Insel, aber ich glaube, der ist pensioniert, weil er taub war, er war der Bruder von Maneca und hat sich immer gern mit allen Leuten angelegt, der war mehr Lacerdista als Lacerda selber und konnte Lacerda nicht im Radio hören, ohne anschließend rauszugehen und am liebsten gleich alle Leute zu verprügeln, wo viele bei uns Anhänger von Getúlio Vargas waren. Ich weiß nicht genau, aber ich kann Politik nicht ausstehen. Jedenfalls hat Edy den Didi markiert, und unser Didi konnte sich nur deshalb ab und an freispielen, weil er mit beiden Beinen schießen konnte und von rechts nach links wechselte, wo Edy nur mit dem linken Fuß spielen kann, wenn überhaupt. Aber er hat ihn gut markiert, und Didi lief, was das Zeug hielt und immer an die Schienbeine, nicht weil er Profi werden wollte, seine Mutter war ja gar nicht für Fußball, aber er hat gehofft, er könnte Briefträger werden, und das hielt er für einen schönen Beruf. Also unser Edy mußte immer ran und Didi markieren und ließ nicht locker, darum konnte Didi ihn auch nicht austricksen, eher hätte Edy das mit ihm gemacht, wenn er das gekonnt hätte. Aber hinterlistig schießen, da war er gut mit diesem abgewetzten Ball, den hatten wir mit Schnur umwickelt, und der war völlig verkrustet vom Salz und vom Sand, also richtig schießen konnte Edy, die Bälle flogen nur so, und der Torwart mußte aufpassen, oder er kam hinterher wie Nego Tóia an und beschwerte sich über die Verteidigung. Wenn keiner mir den Mann abblockt, dann geh ich, sagte Nego Tóia, und er hatte eigentlich recht. Obwohl Hamilton, der Bruder von Edy, stärker schießen konnte, nur war der richtig grob, es gab viele Fälle, wo die Leute schon mit der Hand dazwischen gegangen sind und nie wieder konnten sie ihre Hand gebrauchen. Jedenfalls hatte Nascimento, Gott hab ihn selig, das ist der Vater von Edy und Hamilton und ein Klarinettist, der heute neben den Engeln im Himmel spielt, hatte der seine Söhne nicht für den Fußball bestimmt, wo er doch den Söhnen die Namen von großen Amerikanern gegeben hat wie Edison und Hamilton, und die Mädchen bekamen Heiligennamen, da gibt es eine Teresa, eine Lourdes, die können das bezeugen. Nascimento war Barbier, aber der hätte mindestens Zahnarzt werden müssen, unser Land ist ja so undankbar. Na, und heute nennen die Leute Edison

Edy und Hamilton Papagei, aber das ist eben die Rückständigkeit.

Im Beruf als Anstreicher war die ganze Familie erfolgreich, übrigens ist jeder aus Itaparica ein Anstreicher. Edy malt inzwischen sogar Bilder, mit Landschaften, die er aus Zeitschriften hat, so was Schönes, nur schätzt das hier keiner, denn Heiliger im Haus, bleibts Wunder aus, das ist die Wahrheit. Und Hamilton ist bekannt, weil, wenn die weißen Frauen ihre Sommerhäuser renovieren wollen und Farben mit Namen nennen, die hier nie einer gehört hat, dann sagt er: ich weiß schon, Sie wollen so ein Graugelb. Nein, Seu Hamilton, aber er beachtet das gar nicht. Er kippt bei Orlando zwei Schnäpse runter, und los gehts, an die Arbeit, er schaut sich die Farben an und erklärt dem Lehrling, Manjuba, das ist der Sohn von Pititinga, ein Enkel von Xangô: misch diese mit der da, tu ein paar Tropfen Terepintin dazu, rühr das durch, deck es zu und schüttel, und pinsel was auf das Holz und puste, und dann wollen wir mal sehen, ob das nicht die Farbe ist, die sie will, dies Zitronenpastello. Na ja, und dann wird der ganze Kram gestrichen, und dann wird Hamilton groß gelobt für wenig Geld, er ist ein geschätzter Arbeiter. Edy reicht da nicht ran, aber er ist zuverlässig und schnell, und wenn er sagt, er malt, dann war im Handumdrehen alles gemalt, was zu malen war, so schnell wie ein Schuß mit dem Ball.

Na ja, nicht weil er ein guter, alter Freund von mir ist, entschuldigen Sie: Aber wir haben ein paar Harpunierer erlebt und viele Wurfnetzfischer, die waren alle ganz geschickt und erfahren, und zwar vor der Fischereigenossenschaft, früher gab es nämlich keinen Fischereischein, und jetzt stellt die Fischereigesellschaft diesen Schein aus für jeden, der bezahlt, so ein Unsinn. Als würde einer durchs Bezahlen zum guten Fischer. Solche Leute haben wir gesehen, Edy will ja nichts vom Wurfnetz wissen, wenn es aber einen Wettbewerb gäbe vom Marineministerium, da wäre Edy schon Admiral, denn er fängt die Meeräschen wie ein Tänzer vom Ballett, er braucht nicht mal hinzusehen. Aber mit der Harpune, heutzutage gibt ja keiner mehr was für einen guten Harpunierer, wo sie jetzt die Fische sogar mit der Elektirzität fangen, also mit der Harpune, das muß ich noch mal sagen: Da ist keiner so gut wie Edy.

Die Harpune für den Wolfsbarsch, muß ich dazu sagen: Das kann nur mein Freund Edy. Der Wolfsbarsch ist nämlich ein Eins-A-Fisch, und die Leute behandeln ihn voller Respekt, und wenn man zu einem gekochten Wolfsbarsch eingeladen ist, dann denkt der Gast, wenn er Junggeselle ist, die wollen ihn mit der Tochter des Hauses verheiraten, und wenn er verheiratet ist, dann denkt der Gast, die wollen ihm einen Kredit aus der Nase ziehen. Ein guter, gekochter Wolfsbarsch schmeckt nach frischem Meerwasser und der, der ihn ißt, kommt sich ganz wichtig vor und fühlt sich gut. Der Wolfsbarsch fördert die Freundschaft und das Zusammenleben in der Familie und entlastet die Leber. Einen gekochten Wolfsbarsch, aus reiner Freundschaft serviert, den vergißt man nicht so leicht, darum mag ich den Dokter Joaquim Batista Neves noch heute, weil er mich mal in seine Küche gerufen und auf ein paar kleinere, gekochte Wolfsbarsche gezeigt hat, und in Gegenwart von seiner verwertesten Gattin, die das alles so schön gekocht hatte, hat er mich eingeladen und gesagt, als wäre ich eine wichtige Persönlichkeit wie z. B. der Herr Dokter Hermano Machado: hier haben wir ein paar kleine Wolfsbarsche, warum machen wir uns nicht über die her, was, fein gekochte Wolfsbarsche mit ein bißchen Kümmel und ein paar Quiabos, ganz fein ausgenommen? Also das können wir ja nicht ablehnen, sagte ich, und ich sehe Dokter Batista Neves noch vor mir, wie er vor lauter Wolfsbarscherei die Augen verdreht und vor Zufriedenheit ein bißchen rülpst, ich auch, und bis heute sind wir darum große Freunde, und immer, wenn er mich sieht, umarmen wir uns, und wenn wir uns umarmen, sagen wir: na, wir und unsere Wolfsbarsche, was? Und heute ist er Minister im Rechnungshof und so was alles, und englische Pfeifen raucht er sogar, da schau her, so ein gekochter Wolfsbarsch. Der Wolfsbarsch ist ein Fisch von Erheblichkeit.

Der Wolfsbarsch schwimmt nicht in Scharen oder Schwärmen wie die Meeräschen, die Schlangenfische und andere, die denen verwandt sind. Dieser Wolfsbarsch von Edy zum Beispiel, der tauchte immer an einem Pfeiler am Bootssteg auf und schlief da. Die Jungs haben da die kleinen Carapicu- und Chicharro-Sardinen gefischt, und drei oder vier dicke Urlauberinnen mit Hut waren da, die wollten Krebse fangen, und dann tauchte der Wolfsbarsch auf, ganz ruhig. Die Leute kannten den Wolfsbarsch von Edy schon alle, weil er seit Jahren hinter ihm her war, so daß immer einer von den Jungs zum Hügel rauflief und Bescheid sagte und Edy, egal, was der grade am Tun war, auch wenn die Bewunderer von seinen Bauchwellen ihm ein Bier nach dem anderen bezahlt hatten, ließ alles stehen und liegen und rannte zu seinem Vater, der wohnte neben dem Barbier, holte die Harpune und schoß direkt vom Steg. Normalerweise wartete der Wolfsbarsch, und solange Edy nicht auftauchte, schwamm er auch nicht weg. Dann liefen die Leute zusammen, wo alle wußten, daß Edy ein großer Harpunierer war und alle von seinem Beispiel lernen wollten. Und wirklich. Wenn mit der Strömung ein Blatt in der Nähe von Edys Beinen schwamm, würde das sich nicht bewegen, wenn er losging, denn er machte Schritte wie ein Harpunierer und Schalentierfänger, runde Schritte, ohne den Fuß zu heben und das Wasser aufzuwühlen. Und hielt die Harpune bereit, den Arm nach hinten, mit dem andern hielt er sein Gleichgewicht, und die Augen starr auf den Wolfsbarsch gerichtet. Wie oft habe ich das schon gesehen, und Gevatter Edy ging zwischen den Pfählen durch und bewegte die Lippen, das heißt, er betete, weil er den Fisch fangen wollte, sogar ich weiß ein paar gute Gebete, aber bei manchen Fischzügen, da helfen Gebete nicht groß. Wie gut Edy mit der Harpune umging, nie hat da einer, wenn Edy tief durchatmete, eine gewaltige Grimasse schnitt, die Harpune warf und der Wolfsbarsch, genau im rechten Augenblick, ganz einfach mit der Schwanzflosse schlug und sich davonmachte, und die Harpune in den Sand sauste, also nie hat da einer mal gepfiffen oder gelacht, wo doch bekannt ist, daß es eine Gefahr beim Harpunieren oder Fangnetzwerfen ist, wenn die Zuschauer buhen. Alle hatten gesehen, daß das ein schöner Wurf mit der Harpune war, also wurde nicht gebuht, sie haben Edy sogar getröstet und gelobt, aber er wollte nichts davon wissen, er war ganz traurig, und furchtbar geschimpft hat er auf den Wolfsbarsch. Ganz anders ist das, wenn Paparrão oder Cuiuba mit der Harpune kommen, da buhen die Leute den Harpunierer aus, wenn er vorbeischießt, und den Fisch, wenn der sich treffen läßt, das erkennen die Leute von weitem. Aber jedenfalls war Edy sauer, und es gab Tage, wenn da einer vom Wolfsbarsch redete, dann bekam der aber was zu hören, und in Wahrheit gaben sie Edy nur nicht den Spitznamen Edy Wolfsbarsch wegen seiner Statur und weil die Spitznamenverteiler Bammel vor ihm hatten.

Seit einiger Zeit kam nun der Wolfsbarsch mit einem Wolfsbarschweibchen an, und wie geschickt der das anfing. Der Wolfsbarsch kommt erstmal an, schaut sich in der Gegend um und schwimmt so hin und her, so im Kreis, ganz gemächlich und vornehm. Wenn alle Welt denkt, daß er da für immer so hin- und herschwimmt, dann stößt er auf den Grund, stupst da rum, und das Wolfsbarschweibchen kommt näher und gibt ihm bestimmt ein paar Hinweise. Und bei allem ist sie ganz aufgebläht und unwahrscheinlich aufreizend, also rauf und runter schwimmt sie, nahe an den Barsch ran, schießt ab und zu wieder davon und hält plötzlich still, hin und her – also wirklich wie am Hochzeitstag. Und dann reiben die beiden sich immer mehr aneinander, bis das Weibchen es nicht mehr aushält und zum Nest schwimmt und alles rausdrückt, und das Männchen ist ziemlich aufgeregt, bei jedem Scharwenzeln von ihr verausgabt es sich ganz, das muß man gesehen haben. Also, als wäre das Absicht. Als wenn der Wolfsbarsch diese Frechheit richtig plante, weil, wenn der damit anfing, riefen die Jungen schon Edy, und wenn Edy mit der Harpune ankam, dann hatte der sich schon verausgabt.

Und so haben wir jeden Sommer mit diesem Wolfsbarsch und seiner Liebelei zugebracht, er kam mit der Ebbe, um zu schlafen, und Edy gab nie auf, obwohl er schon sauer war. Wie oft er auch andere Fische mit der Harpune gefangen hatte, auch viele Wolfsbarsche, es war alles nicht recht, und heute hat die gute Raimunda mir gestanden, daß er schon überlegt hat, ob er nicht sogar das mit dem Bauch sein läßt, und wie oft hat er einen Schnaps auf diesen Wolfsbarsch getrunken, und wie oft hat er Einladungen zu Festen abgesagt, wo es Fisch gab, und wie oft stand sein Herz still und der Kopf dröhnte ihm, wenn einer sagte, er hätte einen Wolfsbarsch geschossen, und Edy befürchtete, das wäre seiner. Richtige Alpträume hatte er, sah seinen Wolfsbarsch in Stücken auf dem Markstand von Sete Ratos, und alle behaupteten, das wäre sein Barsch, den aber jemand anderes geschossen hätte. Wie oft ist er mitten im Spiel rausgegangen und ließ die Verteidigung stehen, wie oft hatte er im Snooker nicht gegen Zé de Neco verloren, immer in Gedanken bei diesem Fisch. Wie oft hatte er behauptet, heute wäre der richtige Tag, und ging vor vier an die Pfosten, um dort auf den Wolfsbarsch zu warten, und der Wolfsbarsch kam dann an diesem Tag gar nicht.

Deshalb wurde die Seele von Freund Edy immer düsterer, als er nämlich eines Tages gegen drei aufgewacht war und im Morgengrauen mürrisch da im Nebel am Landesteg gestanden hatte und hörte, wie das Wasser an den Strand klatschte und murmelte, und er starrte unermüdlich auf die Ruhestelle vom Wolfsbarsch am Pfosten. Es war schon zehn Uhr, und die Sonne brannte auf den Steinen, und auf der Sandbank war schon mächtig Betrieb, die winzigen Goré-Krabben und andere, überall Luftlöcher von Siri- und Sarnambi-Krebsen, ein paar Boote lavierten schon umher, und die Flut war gelb von der großen Hitze, da ging er nach Hause, er schämte sich, den Mantel auszuziehen, den er gegen die Kälte mitgenommen hatte, er hörte ein paar Kinder schreien, und es war gerade Flut und eigentlich kein Tag zum Fischen, aber die Kinder sagten, der Wolfsbarsch wäre am Steg.

Beinahe wäre Edy nicht umgekehrt, fast hätte er die Beziehungen zu diesem Wolfsbarsch abgebrochen, der nur hierkam, um zu beweisen, daß ein guter Harpunenschütze nur gut ist, wenn der Fisch nicht so gut ist. Aber dann schrien die Kinder alle, und diese gelbe Flut und diese knallige Sonne, und da fühlte Edy, wie ein schwimmendes Pferd sich in seiner Brust aufrichtete, und er rannte zurück auf die Mole. Und mit Mantel und Hut und allem stieg er ins Wasser, wie ein holländischer Geist sah er aus, wenn die Holländer als Geist hier auftauchen. Der Wolfsbarsch stand heute so im Wasser, daß die Sonne manchmal auf seiner Haut blitzte wie ein Schwertfisch. Und Edy dachte eigentlich, der Mantel wär ihm im Weg und mit dem Hut könnte er nicht richtig ins Wasser schauen, trotzdem schoß er die Harpune ab. Und da, es gibt Leute, die schwören, und Edy auch, sah der Wolfsbarsch auf die Harpune, aber statt fortzuscharwenzeln wie immer, wartete er auf den Eisenpfeil. Und so traf Edy den

Wolfsbarsch, und als er aus dem Wasser stieg, da waren die Kinder ganz still, nur zwei faßten den Wolfsbarsch an. Ich ging mit ihm nach Hause, er mit dem Wolfsbarsch, aber eine Feier gab es nicht. Als wir zu Hause ankamen, sagte die gute Raimunda, oh, ist das der Wolfsbarsch? Und er sagte, ja, das ist er, und die gute Raimunda, die ihren Kerl ja gut kennt, sagte nichts mehr, nur noch, daß er grade zur rechten Zeit käme, dieser Wolfsbarsch, denn es wär nicht viel zu essen da, und er sagte, er wüßte das. Also haben die Frauen und Kinder drinnen gegessen, und er und ich, wo ich mit der ganzen Stadt befreundet bin, wir haben im Wohnzimmer gegessen, und kein Wort haben wir dabei gesagt, und nachher auch kaum etwas. Beim Essen genoß Edy den Wolfsbarsch mit geschlossenen Augen, aber geweint hat er, und ich hab auch um diesen Wolfsbarsch geweint, aber das haben wir gar nicht gemerkt, er nicht und ich nicht. Nie wieder hat Edy eine Harpune angefaßt, und er meint immer, daß der Wolfsbarsch an dem Tag sterben wollte, man weiß nur nicht, ob aus Kummer oder aus Sportsgeist. Und wenn Edy von diesem Wolfsbarsch redet, dann sagt er, er hätte achteinhalb Kilo gehabt, aber ich weiß, es waren gerade mal drei, nun, ich glaube, es ist schon ganz recht, daß Edy den Verstorbenen so lobend in Erinnerung behält.

In Gedanken, Worten und Werken

Was die Sünde angeht, und also überhaupt die Religion, habe ich immer gedacht, das Schlimmste wären die Gedanken. Im Katechismusunterricht, der nach der Messe und vor dem Fußball war, das heißt, man sündigte ja gleich, wenn man nicht zum Katechismusunterricht wollte, in diesem Unterricht, da sagte Dona Maria José, mit diesen flauschärmeligen Blusen und diesem ewigen Blinzeln und dem kränklichen Gesicht, also sie sagte, daß man in Gedanken, Worten und Werken sündigt. In Worten und Werken, also gut, das stimmt ja. Aber in Gedanken, wie will man das denn in den Griff kriegen, da hatten alle ihre Schwierigkeiten, vielleicht nur Dona Maria José nicht, weil alles, was sie dachte, Katechismus war. Oft habe ich meine Mutter gefragt – und nicht Dona Maria José, denn wenn man die fragte, dann mußte man das lernen und einen Aufsatz darüber schreiben und ihn am nächsten Sonntag laut vorlesen –, wie man es anstellte, daß man sich in Gedanken nicht versündigte, und sie sagte mir, man sollte sich einfach keinen Unsinn und keine Schamlosigkeiten ausdenken. Also, das weiß jeder, nur, Unsinn und Schamlosigkeiten, die tauchen doch dauernd auf, die braucht man nicht zu rufen. Aber es war wirklich erstaunlich, wie die Erwachsenen alle, wenn es zum Abendmahl kam, ohne mit der Wimper zu zucken hingingen, also, die hatten keine Sünde in sich, nicht mal in Gedanken, denn sonst würden sie es ja nicht wagen, Fleisch und Blut Christi anzunehmen, wenn sie dabei innen drin ganz schmutzig vor Sünde sind.

Ich nicht, ich hatte immer Probleme, denn erstens vergaß ich immer eine Sünde, und wenn ich fortging, fiel sie mir wieder ein, und dann schämte ich mich, zum Pfarrer zurückzugehen, und dann kam ich mir vor wie jemand, der furchtbar schmutzig zur Kommunion gehen würde. Aber meine Mutter sagte, man könnte ja keine Liste mit den Sünden aufstellen, wo gäbs denn so was, und daß der Heilige Geist einem helfen würde, aber mir hat er nie geholfen, jedenfalls habe ich das nie bemerkt. Ich litt ganz schön.

Im ersten Jahr hatte ich dieses Problem mit der Sünde noch nicht, als die Kommunion auf einen Festtag in der Schule fiel und ich der einzige Schüler war, der noch keine Kommunion empfangen hatte, und darum schickte meine Mutter mich los mit einem riesig breiten weißen Band um meinen Arm, das so in Fransen auslief, und ich schämte mich fürchterlich. In der anderen Hand, so wollte meine Mutter das, mußte ich eine Kerze halten, auch mit einem Band umschlungen, ich war wirklich sehenswert, dabei kam ich mir vor wie jemand, der die ganze Zeit Buße tut, jedenfalls konnte ich immer nur an das Band und die Kerze denken, es war wirklich zum Gottserbarmen, wie ich aussah, und alle schauten mich an und lachten nur nicht, weil es ja um eine Kommunion ging. Aber ich war trotzdem ganz schön mißtrauisch, und als alle aus der Schule in der Kirche Platz genommen hatten, auf den Beginn der Messe warteten, konnte ich mit Dona Maria José sprechen, um herauszubekommen, ob ich in letzter Minute noch eine Beichte ablegen könnte. Nur zur Sicherheit, sagte ich, Sie wissen schon, man geht so nichtsahnend vor sich hin, und mir nichts dir nichts hat man gesündigt. Worte und Werke, nein, aber die Gedanken, das eine und andere entwischt einem so, und sie wurde tiefrot. Da führte sie mich zu einem hochgewachsenen Pfarrer in die Sakristei und fragte, ob er in letzter Minute noch einem Jungen die Beichte abnehmen könnte, und ich kam mir so dämlich vor, mit diesem Band und der Kerze in der Hand, aber ich wollte auf Nummer Sicher gehen, mit diesen Dingen scherzt man nicht, und der Pfarrer war einer von denen, die einem am liebsten gleich eine runterhauen, die einen am Kinn zwicken und das Gesicht so betatschen, kann ich nicht ausstehen. Aha, also du bist zur Erstkommunion hier und hast noch nicht gebeichtet, nicht wahr, sagte er und zog an meinem Band, das er fast zerrissen hätte, und mir wurde ganz anders, denn meine Mutter hätte mir die Schuld dafür gegeben, und wenn ich sie auf den Pfarrer geschoben hätte, dann hätte ich erst richtig eine eingefangen. Nein, das ist es nicht, ich habe gebeichtet, aber ich habe noch ein Problem. Da wurde der Pfarrer freundlicher, rief mich in eine Ecke und sagte: Was für ein Problem denn? Wut auf die Mutter, sagte ich, um keine Zeit zu verlieren, denn die Messe sollte gleich beginnen, und wenn ich nicht vorn wäre, würde meine Mutter sich ärgern. Wegen diesem Band und dieser Kerze, sagte ich. Ach so, meinte der Pfarrer, macht zwei Vaterunser. Das fand ich damals billig, betete zwei Vaterunser, ging zur Messe, zur Kommunion und fand, alles sei bestens. Das ist die Unschuld.

Im zweiten Jahr gab es weder Band noch Kerze, eine Riesenerleichterung, die hielt aber nur kurz vor, gerade weil, wenn man kein Band und keine Kerze halten muß, mehr Platz für sündige Gedanken ist, und außerdem wird man älter und sündigt mehr, das ist das Gesetz des Lebens. Glücklicherweise gab es in dem Jahr samstags ein Exerzitium und sonntags die Kommunion, also kam man gleich von der Beichte zur Kommunion, damit man gar nicht erst in Gedanken sündigte. Valdilon, der hat einen Pfarrer zum Bruder und versteht was davon, der hat erklärt, daß man einfach die Augen schließt, die Ohren zuhält und ganz laut Krach macht, mit geschlossenem Mund, so daß du das selbst im Ohr hörst und mit soviel Geschrei usw. usw. vermeidest du die Sünde. Wenn man übt, geht das, glaube ich, und Valdilon übte viel, aber ich nie, weil ich mich schämte, zwischen all den Leuten so auf das Abendmahl zu warten, mit geschlossenen Augen, zugehaltenen Ohren und diesem Gesumme mmmmnnn-mmmmnnn und ssssss-ssssss. Jedenfalls verlief diese zweite Kommunion recht gut, weil ich ganz kurz nach der Beichte zur Kommunion ging, ich kam richtig unbeschwert heraus. Fast sicher, daß es diesmal geklappt hatte.

Beim dritten Mal war es viel schlimmer, weil ich in einem Alter war, wo man ununterbrochen in Gedanken sündigt. Und da habe ich auch verstanden, warum im Katechismus soviel die Rede ist vom Sündigen in Gedanken, weil es einem dann so geht wie mir: man tut nichts, hat nur lauter schlechte Gedanken. Auch wenn man sich anstrengte, half das nichts. Da denkst du nichts Schlimmes, und schon hast du was Schlimmes gedacht. Manchmal redete ich, und das mit gerunzelter Stirn, so: ich hab keine, ich hab keine, hau ab, und sang laut vor mich hin – weiß gekleidet kam sie geschritten, trug die Himmelsfarben, hat so viel gelitten, ave, ave, ave Maria –, aber es nützte nichts: schwupp, war der schlimme Gedanke wieder da. In so einer Situation war eine Kommunion ungeheuerlich schwer, vor allem, weil ich auch noch dachte, die anderen hätten dieses Problem nicht, daß das alles ein Werk der Teufelsversuchungen wäre, vom Satan, man konnte ja niemandem trauen.

Es gab Schlimmeres in diesem Jahr. Meine Schwester wollte zur ersten Kommunion, und meine Mutter bereitete einen besonderen Tisch vor, viel besser als meiner, der war überhaupt nicht besonders. Heißt also, die Sünde des Neides. Und dann mußte ich nüchtern bleiben, und fast hätte ich ein Plätzchen gegessen, habe ich nur nicht, weil mein Schutzengel stark war und gerade in diesem Augenblick jemand kam. Sünde der Völlerei, noch eine Gotteslästerung. Die Patentante von meiner Schwester kam aus Bahia angereist, und ich schaute immer auf ihre Beine: rechne noch mehr Sünden drauf, gleich ab hundert. Mein Vater gab mir zehn Mil-Reis und meiner Schwester fünf, und dann sollten wir einen kleinen Heiligen für mich und einen für sie kaufen, aber alles von meinem Geld, das fand ich nicht richtig. Sünde des Geizes und noch ein paar Zerquetschte und Vermischte.

Als wir in der Kirche ankamen, schwitzte ich schon, und es war an diesem Tag nicht, weil ich in der Beichte was vergessen hätte, gar nicht. Also jeder Atemzug, eine einzige Sünderei. Die Messe lief und lief, und ich sah schon die Verdammnis nahen, bis ich es nicht mehr aushielt und zu meinem Vater rausging, der die Messe von draußen hörte und dort rauchte, meine Mutter konnte ja in der Kirche schlecht mit mir schimpfen, und da sagte ich zu meinem Vater draußen, daß ich von Mann zu Mann mit ihm sprechen wollte, aber er sollte nicht lachen. Ich werde nicht lachen, sagte mein Vater. Also, also, dann will ich in der Kirche bleiben, bis zur nächsten Messe, es kann die um neun, um zehn, um elf oder um zwölf sein. Ich will bleiben, damit ich gleich nach einer richtigen Beichte zur Kommunion kann. Ist gut, sagte mein Vater, und wenn du zurückkommst, bringst du eine Flasche Klaren aus der Schenke von Seu Barreto mit, aber komm vor eins zurück.

Meine Mutter wollte, daß ich mit allen nach Hause ging und redete noch auf mich ein, aber meine Schwester trug Engelsflügel und so und hatte die hochfeine Patentante aus Bahia da, also blieb ich. Ich beichtete kurz vor neun, sündigte gleich am Ausgang, wollte zurück, zögerte, tat so, als wollte ich gehen, ging doch nicht, bekreuzigte mich, betete ein Bußgebet, hörte die Messe, hatte aber nicht den Mut, die Kommunion zu empfangen, und ließ den Kopf hängen, also voller Sünden wie ein Haarschopf voller Läuse, ein schlimmer Anblick. Ich kehrte um, beichtete um zehn. Ich dachte, wenn ich zum Altar vom heiligen Andreas liefe und bis zur Kommunion betete, könnte ich die Sünde zurückhalten. Aber als ich am Altar niederkniete, kam eine solche Welle von sündigen Gedanken, daß ich nämlich gern ein Stück Kuchen gegessen und Limonade getrunken hätte, und ich dachte, ich würde wirklich alles darum geben, wenn ich nicht dort sein müßte, lieber anderswo und ein, zwei, drei Stück Kuchen mit Limonade zu mir nehmen könnte. Die ganze Messe über dachte ich ans Essen, und je mehr ich nicht denken wollte, um so mehr dachte ich. Ich ging nicht zur Kommunion, wurde immer trauriger. Um elf beichtete ich hastig, bot meinen Hunger dem heiligen Judas Thaddäus an und betete fünf Minuten mit geschlossenen Augen, ich glaube, ohne zu sündigen. Aber als ich nur für eine kleine Minute die Augen öffnete, liefen draußen Mädchen vorbei, zum Strand gingen die, und ich sündigte und sündigte und sündigte! Ein furchtbarer Hunger, und am liebsten hätte ich geweint, und dann sagte ich alle Gebete, die ich wußte, und beichtete um zwölf für die Mittagsmesse, und wartete kniend bis dahin, und da merkte ich, daß ich sündigte, die ganze Schlange von Sünden zog an mir vorbei, als würde ich alles von außen sehen, wie im Kino. Und ich weiß nicht einmal mehr, wie ich aufstand und das Abendmahl nahm, wie ich zwischen all diesen Sünden schwebte, und Gott verzeih mir, fast hätte ich vor Reue die Hostie verschluckt. Der Hunger war vorüber, und ich glaube, ich bekam Fieber, und bis heute denk ich nicht gern daran zurück, und doch muß ich immer wieder dran denken. Noch heute bin ich sicher, daß ich in die Hölle komme. Und nur deshalb will ich jetzt nicht sterben, weil, davon abgesehen, hätte ich sonst nichts dagegen.

Wie Luiz Cuiuba einmal sechs oder sieben Urlauberinnen vernaschte

Viele meinen, die Schamlosigkeiten hier auf der Insel kommen von den Schalentieren. Ich glaube das nicht. Obwohl Natercio – der immer besser gesungen hat als Nelson Gonçalves und Orlando Silva zusammen, aber nie im Fernsehen von Rio de Janeiro aufgetreten ist, weil der Nordestino verfolgt wird und Natercio noch nie jemand in den Arsch gekrochen ist, vor allem denen aus Rio nicht –, also Natercio hat mir versichert, daß derjenige, welcher eine Woche bei Miesmuschelbrühe, frittierten Siri-Krebsen und vor allem bei gebrühtem Muschel-Einerlei verbringt, daß der von der Regierung eine Konzession als Weiberheld anfordern könnte. Erst zeigt Natercio, wie tief er singen kann, wie Nelson Gonçalves in dem Lied vom Vagabunden, der heimkehrt, ein tiefer Ton, den ein Anfänger natürlich für leicht hält, aber da kann man den Unterschied sehen zwischen dem, der wirklich nach Noten singt, und dem, der bloß gurgelt. Wenn Natercio singt, dann erzittern die Tische in der Bar von Waldemar. Diesen Adamsapfel hier, sagte Natercio, habe ich mit reichlich Sururu-Muscheln und Krebsen und lauter anderen Schalentieren trainiert, das kommt nicht von selbst, einfach so. Und das ist wirklich eine Kehle, ganz was Besonderes, deshalb hat Natercio unsere Region auch immer so gut vertreten, nämlich, weil er sich nicht nur durchschlägt mit Singen, im Gegenteil, soll ihm mal einer in Cachaprego seine Kenntnisse in Geographie nachmachen. Einmal kam eine Amerikanerin, mit diesen

Gruppenreisen, die sie sich jetzt ausgedacht haben, und die Kinder hier, die haben sich schon drauf eingestellt, wenn einer kommt, der eine Idee weißer oder mehr rosa ist, dann legen die alle gleich los, he, mister, he mister und benehmen sich wie die Affen bei Tarzan, und diese Amerikanerin wollte eine Umfrage machen, mit Tonband und allem und so. Aber was diese Amerikanerin nicht wußte, war, daß Natercio gerade auf ein paar Bierchen am Strand saß, und da sollte sie aber schlecht bei wegkommen, denn als sie zum Umfragen an den Tisch von Natercio kam, unterbrach sie seinen wunderbaren Vortrag mit einem Vergleich zwischen Castro Alves und Noel Rosa, mein Vetter Walter Ubaldo hatte das »die Tragödie der Dichter« genannt. Also Natercio sagte: »Darf ich Sie zu einem Glas Bier einladen?«

Die Amerikanerin war auf Natercios Höflichkeit nicht gefaßt, denn die Gringos denken, hier sind alle barbarische Wilde, aber Natercio ist ungemein wohlerzogen und gewöhnt an Frauen aus guten Verhältnissen, außerdem kann es kein dahergelaufener Amerikaner mit Natercio aufnehmen, und noch weniger ein Franzose. Da rückte sie so hin und her und kicherte ein bißchen und so weiter und stammelte etwas. Daß die Amerikanerin für einen Augenblick so schwach wurde, das nutzte Natercio gleich, denn es ist ja bekannt, daß bei jeder Frau ein Augenblick kommt, wo sie schwach wird, und wer richtig was von Frauen versteht, der ist eben so gut und weiß, wann so ein Augenblick da ist, das hat mir Walter Ubaldo selbst gesagt, der ist der Philosoph Vom Lächeln Der Verachtung, Die Größte Waffe In Des Menschen Betrachtung.

»Sagen Sie, meine Liebe«, fragte Natercio überaus höflich, »was genau erforschen Sie?«

Die Amerikanerin sagte, sie würde die herrschenden Verhältnisse erforschen, die viele verwechseln würden mit den Verhältnissen von Herrschaften, obwohl man das nicht verwechseln dürfte, aber es wäre ja alles das gleiche. Ich erforsche Brasilien und die Brasilianer, sagte die Amerikanerin.

»Also gut«, sagte Natercio. »Wissen Sie die Nebenflüsse vom rechten Amazonasufer?«

Die Amerikanerin sagte, nein.

»Aha, das wissen Sie nicht«, antwortete Natercio. »Und trotzdem wollen Sie hier forschen.«

Aber, sagte die Amerikanerin. Also nein, also das wüßte sie nicht, aber sie würde es noch lernen, und sie wäre doch erst vor kurzem angekommen und so und überhaupt, ta-tá, ta-tá, und so – jedenfalls verbarg sie ihr Unwissen.

»Javari, Jutaí, Juruá, Tefé, Coari, Purus, Madeira, Tapajós, Xingu!« sagte Natercio lächelnd wie ein Brasilianer, der etwas auf sich hält.

Die Amerikanerin wartete, bis die beifälligen Kommentare vorbei waren, denn die Leute waren hoch zufrieden mit Natercio, und in so einem Augenblick mußte man ihm lauthals zustimmen. Aber wer sagt denn, daß sie antwortete? Weil, als die Amerikanerin sich gerade anschickte, eine Antwort zu geben, da ließ Natercio nicht locker. Er fragte noch einmal, ob sie nicht ein Glas Bier wollte, und schoß auf sie los, sie wüßte bestimmt auch die Nebenflüsse vom linken Mitzipissi nicht, von diesem Fluß in ihrem Land. Aber, aber, sagte sie. Nichts aber, meinte Natercio: Visconce, Bleck, Sancruá und Chipeva, Orraio, Roque, Ilinoi, Cacasquia und viele andere! Das war vielleicht toll, das habe ich bis heute nicht vergessen, und der Amerikanerin fiel die Kinnlade runter, und wenn Natercio nicht ein anständiger respektvoller Mann wäre, der für seine Familie lebt, weiß ich nicht, was an dem Tag mit dieser Amerikanerin passiert wäre, die nichts in Erdkunde wußte und Natercio so viel, also Perlen vor die Säue. Er kann sogar alle diese Namen schreiben, ich nicht.

Also, Natercios Meinung kann ich nicht einfach beiseite schieben. Aber ich glaube es nicht recht. Ob es die Muscheln waren? Also wenn, dann kann ich mir nicht erklären, warum die Franzosen und Polen so schamlos sind, denn es ist ja bekannt, daß die Franzosen vor allem verfaulten Käse essen und die Polen stinkenden Kohl. Höchstens, daß verfaulter Käse und stinkender Kohl oder stinkender Käse und verfaulter Kohl, also das verwechsle ich immer, weil der Gestank der gleiche ist, dasselbe sind wie Muscheln. Womöglich ist es der Gestank, wo doch bekannt ist, daß der schlimmste Gestank der von alten Muscheln ist. Kann sein, je mehr das Essen stinkt, desto mehr regt einen das an. Womöglich sogar wegen der Radiktivität auf der Insel, die ist ganz hoch, und es gibt fleißige Leute, die für eine Woche hergekommen sind und nie wieder weg konnten und nun zu Hause hocken und sich hinten und vorn von ihrer Frau bedienen lassen, und wenn einer von Arbeit anfängt, werden sie ganz nervös, weil alles von der Radiktivität kommt. Das heißt, es ist keine Faulheit, sondern eine Krankheit, die die große Wissenschaftlerin Madama Kirie zufällig entdeckt hat, und heute bringt sie uns große Vorteile, aber auch großes Übel.

Neverlässig, wie die Amerikaner sagen, wir lernen hier nämlich alle Englisch, Die Sprache Der Zukunft, und wer kein Englisch kann, der kann gleich aufgeben, oder vielleicht Arabisch, was einen aber nicht weiterbringt, ist, hier zu leben und nur die Sprache von Eseln und Stuten und Hunden zu reden, wo kommen wir denn hin, also das ist alles keine Erklärung für die Sache mit Luiz Cuiuba, der ist sehr geachtet von allen aus der Cuiuba-Familie. Es ist bekannt, daß der Cuiuba ein Vogel ist mit einem ziemlich mürrischen Gesicht, mit so winzigen Knopfaugen, wie einer, der immer das Licht scheut. Der Cuiuba sieht aus, als hätten sie sein Gesicht auf eine Papiertüte gemalt, sie aufgeblasen und dann ein bißchen schrumpfen lassen. Das Gesicht vom Cuiuba steht hier nicht besonders hoch im Kurs von wegen Schönheit, manche meinen, er wär so was wie ein kranker Wellensittich aus Australien, andere behaupten, daß er mehr wie eine Eule mit Schnupfen aussieht, man ist sich aber darüber einig, daß das nicht der Vogel war, zu dem Jesus Christus gesagt hatte: flieg mein schöner Federvogel. Das hat er zum Arara gesagt, aber der Arara ist nicht von hier, und hier haben wir eine große Zahl von Cuiubas. Kopf der Familie Cuiuba war der Alte Cuiuba, schon verstorben, der trug einen Hut, auf den ersten Blick sah man nicht, daß er ein Cuiuba war, obwohl er stolz war und das nicht verbarg. Außerdem sahen seine Kinder ihm alle ähnlich, wie eine nitorlogische Hinausstellung, wie Toninho Bacharel gesagt hat, wenn ich es richtig verstanden habe. Jedenfalls gewöhnte sich die ganze Familie daran, und die einzige Verwandte von ihnen, die keiner Cuiuba nannte, war unsere Nachbarin, und wenn die Leute sie Cuiuba nannten, dann wurde sie fuchsteufelswild und warf den ganzen Hühnerdreck über die Mauer auf den Araçá-Busch von meiner Großmutter, und das wollten wir nun auch wieder nicht, weil dann der Araçá-Busch so ätzend gedüngt wurde. Außerdem heißt Luiz Cuiuba Luiz Antônio Vanderley Saltamar Dominical de Mascarenhas de Baleeira, der erste Name zu Ehren des Großvaters, der dritte zu Ehren eines Holländers, den die Familie während der Invasion eingefangen und im Hof mit ein paar Ziegen gehalten hatte, ein paar Hennen und anderem Kleinvieh (die Leute sagen, der Holländer hätte sich prima eingewöhnt und sogar sprechen gelernt und alles, und wenn er nicht zurechtkam, dann hätte er gegackert, und die Leute hätten ihm mehr Spreu oder in Kräuteröl gedünstetes Mehl gegeben, das mochte er besonders gern), den zweiten zu Ehren vom heiligen Hauptmann der portugiesischen Waffen (erst haben wir die Portugiesen gut behandelt und mit denen gegen die Holländer gekämpft, aber dann haben wir uns rückwärtig gehalten und sie auch rausgeworfen, rausgeprügelt haben wir sie), den vierten und fünften, weil Luiz an einem Sonntag in einem Fischkutter auf die Welt kam und fast über Bord gehopst und mit den Meeräschen geschwommen wäre, den sechsten von der Familie und den siebten auch von der Familie, der erinnert an die Walfängerzeit hier auf der Insel, Wale haben wir heute keine mehr, und wenn Roberto Carlos mit seinem Lied nicht wäre, würde sich keiner mehr daran erinnern. Aber bis heute hat Cuiuba es nicht gern, wenn man ihn beim vollen Namen ruft, mit dem unterschreibt er nur auf Dokumenten, und dann in einer Doktorschrift, damit keiner sie entziffern kann: LzAtVandSaltDomMasc da Baleeira, und Baleeira, als Walfängerstation, das ist der einzige Name, den er wirklich gut findet, weil sein Traum ist, eines Tages mal einen Wal zu fangen, und deshalb kann er Roberto Carlos nicht ausstehen, weil der gegen den Walfang gesungen hat.

Wenn man Cuiuba so anschaut, glaubt man es nicht. Er sieht wirklich wie ein Cuiubaner aus, da beißt die Maus keinen Faden ab. Weil er nur in Shorts rumläuft, ist sein Rücken schon ganz ledrig geworden, da kann man Zigaretten drauf ausdrükken, und er merkt es nicht. Ich hab vergessen zu erwähnen, daß die Cuiuba-Sippe ganz sommersprossig ist, also muß man sich Luiz Cuiuba über und über mit Sommersprossen vorstellen. Und mit lauter Zahnlücken, wegen dem braunen Zucker. Und je älter er wird, desto cuiubanischer sieht er aus, er wird seinem Vater immer ähnlicher, wie ein Furz dem andern gleicht. Und oben auf seinem Schädel, da wächst das Haar jetzt in einem weiten Kreis, weil er immer einen Hut trägt, den nimmt er nur ab, wenn er aufs Örtchen geht, und dann auch nur, um ein bißchen den Duft wegzuwedeln, der aus dem Becken aufsteigt, der ist nämlich mächtig intensiv und zwar so, daß seine Frau – eine Heilige, von allen geachtet – die Besucher vor die Tür schickt, wenn er da reingeht. Ja und noch was, Cuiuba sieht Zequinha de Abreu überhaupt nicht ähnlich, dem großen Klarinettenspieler aus dem Film, in dem Zequinha de Abreu Anselmo Duarte gespielt hat, das nur für die Eingeweihten. Nun, wir haben schon gemerkt, daß Luiz Cuiuba nicht wie die Männer aus der Telenovela ist, so einer, den die Frauen nur zu sehen brauchen, und gleich wollen sie aus den Höschen steigen. Er ist nun mal kein Tyrone Taylor, um die Wahrheit zu sagen.

Nun sagt die Äußerlichkeit noch nichts über das Herz eines Mannes aus. Im Garten vom Fort, den wir alle Garten nennen, obwohl er eigentlich Getulio Vargas Platz heißt, zu Ehren vom Präsidenten, der die Rechte der Arbeiter anerkannt und sich dann in die Brust geschossen hat, weil, die Rechte von Arbeitern anerkennen, das kann einem kein gutes Leben bescheren, also dort im Garten kann man erfahren, was ein Mann ist. Wenn ein Mann in den Garten kommt und die Urlauberinnen, die vom Strand heraufkommen, nur so anstarrt und sonst nichts, dann ist das, weil dieser Mann noch nie eine Frau gesehen hat. Wenn er daherkommt und überhaupt nicht zu den Frauen hinübersieht, dann hat er entweder Angst vor seiner eigenen Frau oder er tut nur uninteressiert oder aber er ist vom andern Boot. Wenn er ankommt und Bier trinken und Kroketten in Dendê-Öl essen will, dann, weil er an erster Stelle Geld hat und an zweiter Stelle nichts mehr. In diesen ganzen Angelegenheiten haben wir eine Menge feine Unterschiede, da muß der Kenner erkennen, was Sache ist, wie eben beschrieben. Es kommt selten vor, daß ein Mann, wenn er in den Garten kommt, seine eigene Natur verbergen kann, auch wenn er sich bemüht. Die aus São Paulo, zum Beispiel. Die kommen hier schon mit einer Gruppe von braungebrannten Frauen an, dazu etwa zwanzig Japaner, noch zwei alte Frauen obendrein, keiner weiß, wozu die gebraucht werden, dann noch an die dreißig unausstehnliche Gören und noch ein paar Leute mehr, die wissen wollen, was das denn für ein Essen ist und wie toll, und immer diese Sonne, ob die immer scheint, dann antworten wir, daß, wenn die Sonne nicht scheint, es deshalb ist, weil es dann regnet, und das gefällt ihnen, also die Paulistas sind doch wirklich ein blödes Volk, obgleichwohl sie intelligent sein sollen, aber wie kann denn einer intelligent sein, bitteschön, der extra aus São Paulo herkommt, um sich hier die Leistengegend mit Sand vollzuschippen, da faßt man sich doch an den Kopf. Oder wie die Cariocas, nicht, da kommen die aus Rio mit ihren Frauen, und die mit geblähten Nüstern, nicht, und der Carioca, der wird fürchterlich unruhig, oder er tut ganz gleichgültig und läßt sich von den Frauen so einiges bieten, daß man nur staunen kann. Hier gibt es einen Carioca, der kommt jedes Jahr, und seine Frau läuft hier mit Tangas rum, da schauen die Härchen oben raus, an der Seite und hinten, aber ihm ist das egal. Wir haben den Eindruck, daß er meint, uns hier ist das auch egal, da liegt er aber falsch, also der Mann auf unsrer Insel muß erst noch geboren werden, dem es nicht in der Nase juckt, wenn die Brise Brasiliens den fraulichen Flaum der Scham küßt und liebkost, o goldgrüne Glückseligkeit meiner gesegneten Heimat! Dann denken die doch, daß wir primitive Eingeborene sind, aber gar nichts sind wir, einfach scharf sind wir, mit einem Auge auf die Härchen von seiner Frau. Die das übrigens mag, aber das steht auf einem anderen Blatt. Man lebt und lernt. Sie tun so ganz locker, sind sie aber gar nicht, das Leben ist wirklich schwer.

Aber das Benehmen von Luiz Cuiuba, wenn der

im Garten auftaucht, da sieht man gleich, daß er kein Mann von Frivolität ist. Wenn er an dieser Frau vorbeigeht, mit ihrem wunderbaren Hintern und diesen strammen, runden Schenkeln, daß ein guter Christ den Herrgott um seinen Segen bittet, da schaut er völlig normal drein. Er sieht nicht richtig hin, aber auch nicht ganz weg, so in der Mitte. Früher wußte ich das ja nicht, aber heute weiß ich, daß Cuiuba entweder den Fisch erkannt hat oder sich an die Vergangenheit erinnert, wenn er die Frau sieht. Auch wenn man ihm genau ins Gesicht sieht, würde man das nicht annehmen, aber ich kann mich an den Tag erinnern, als wir mit der Angel von Edson Saldanha Rotbarsch gefischt haben, der mir das übrigens heute noch vorwirft, zusammen mit einem Vetter von der reichen Seite der Cuiuba-Sippe, Ary de Maninha hieß er, der ist der beste Redner im Norden und Nordosten, sogar in der Zeitschrift »O Cruzeiro« hat mal was über ihn gestanden. Also wir in dem alten Fischerkahn, und die Rotbarsche beißen nicht an, na ja, nicht einmal die Krötenfische, erst recht kein Rotbarsch, als da hinten auf dem Kirchplatz ein Bus voller Touristen vorbeifährt.

»Wenn diese Fische von Edson nicht anbeißen«, sagte Cuiuba, »werde ich wohl an der Rampe anlegen und mich an die Touristinnen ranmachen.«

»Ein jeder Itaparicaner«, sagte Ary, und er sprach das viel schöner aus als der Spieker vom Radio Club, »träumt davon, eine Urlauberin zu vernaschen. Also am besten hältst du dich ganz ruhig, Cuiuba, läßt die Schnapsflasche rumgehen und steckst den Köder an deine Schnur, der Seestichling hat schon sein Teil gehabt.«

Cuiuba lachte so cuiubanisch, das kennen alle. Na gut, sagte Cuiuba, wenn du diesen Fisch hier lieber hast, soll sich jeder seinen selbst aussuchen. Das ist kein Fisch für mich, mein Fisch ist woanders.

»Cuiuba!« rief Ary mit erhobenem Zeigefinger, als ob er eine wichtige Rede halten wollte, was mindestens dreimal am Tag vorkommt. »Seu Cuiuba, ich kenn dich nicht erst seit heute und gestern, o nein, Seu Cuiuba! Komm mir nicht mit dieser Geschichte, du hättest eine Urlauberin vernascht, Mann, hör mal, Achtung, der Fisch!«

Und da biß doch tatsächlich ein Schwarm an, keine Rotbarsche, aber Kaulkopffische, und Cuiuba, als großer Fischer bekannt, nur sein Bruder ist noch besser, aber die Leute sagen das kommt daher, daß der Bruder Grimassen schneidet und die Fische erschrecken sich zu Tode, also Cuiuba nahm diese Kaulkopffische von anderthalb Spannen Länge einen nach dem andern in den Kahn. Aber bei jedem, den er hinlegte, sagte er Kaulkopf, Kaulkopf, kannst du dich an sie erinnern? Kaulkopf, Kaulkopf, und damals auf dem Sitz im Auto vom Mann von der Soundso, und neulich im Bett mit der Dingsda, und dieses Mal hinter der Tür von der Hmdada?

»Cuiuba«, sagte Ary und stellte sich schon fast in Positur wie für eine Eröffnungsansprache oder eine Bußpredigt, das ist noch ergreifender. »Cuiuba, jetzt nimm dich zusammen! Wann soll denn eine von diesen Urlauberinnen dich rangelassen haben, he?«

In diesem Augenblick zog eine Wolke über Salinas da Margarida an der Sonne vorbei, und da wurde es ein bißchen dunkel und kühl. Cuiuba sagte erst einmal nichts, weil noch ein Kaulkopf kam, und er zog das Tier rein und legte es im Kahn auf den Boden, verbog dem Tier den Haken im Maul, nahm ihn raus, rettete den Köder noch und machte alles wieder fertig, dann warf er die Schnur über Bord und gab folgende Erklärung ab, die bis heute Grund zu großem Stolz auf unserer Insel ist, wegen der Intelligenz der Itaparicaner, und Renato Galo Cego, der kann bezeugen, daß ich nicht lüge:

»Hört mal her. Gleich kommt der Nordostwind auf, der bläst die Wolke weg, und die Sonne ist wieder da. Auf der andern Seite, auf der Sandbank, da denken die Touristen, das Wetter zieht sich zusammen und alles macht dicht. Irrtum. Weil, wenn die Wolke die Sonne zudeckt, da mag ja einer denken, daß das Leben auf der Sandbank und in den Untiefen aufhört, aber das stimmt nicht. Um diese Zeit, wenn man nicht die Leute hörte und den Lärm von den Segeln, die aneinanderschlagen, also wenn man sich auf die Promenade stellen und zuhören würde, dann könnte man hören, wie die Tiere auf der Sandbank alle miteinander beschäftigt sind. Wenn die Sonne vorkommt, dann schwimmen die, die Sonne mögen, ins flache Wasser und suchen das Weibchen oder das Männchen, je nachdem. Wenn die Sonne sich versteckt, dann kommen die, die es lieber schattig haben, raus. Jetzt gerade ist eine Menge los auf der Sandbank, da sind lauter Strandkrebse, Einsiedlerkrebse, Blaukrabben und Fiedelkrabben und viele winzige Fische, die sich paaren und befruchten und Eier legen und ausschlüpfen, sogar Schmetterlinge haben wir, die wie verrückt über dem Wasser herumtaumeln. Also, das können wir alles gar nicht ahnen, was da auf der Sandbank los ist, aber es ist so, und einer mit heißem Blut, der kommt ans Meer und spürt fast, wie der Boden so verbebt.«

»Das ist die Radiktivität«, sagte Ary.

»Für die einen, für die andern ist das nur Aktivität, ohne Radio«, meinte Cuiuba. »Also in so einer Situation, wenn du auf die Flut schaust und wie das Wasser über eine Frau plätschert, da fährt so was Elektrisches in dich.«

»Bist du elektrisch, Cuiuba?« fragte Ary.

»Ich bin nicht elektrisch«, sagte Cuiuba, ganz gelassen. »Aber an dem Tag saß ich im Garten, da kommt so eine Frau daher mit offenen Sachen und drunter ihr Bikini und fragt mich, ob ich den Schwimmer im Spülkasten reparieren kann. Diese Frau redet so mit einem Akzent wie eine Künstlerin, ganz Carioca, und da red ich auch carioca, ich kann das nämlich – na, du weißt schon, man muß nur so singen: gaanz toolll, gaanz toolll, und ich sag ihr, ich weiß, wie man den Schwimmer repariert. Also die Frau nimmt mich mit, und ich seh mir den Spülkasten an, und sie geht ins Zimmer und kommt wieder ohne den Bikini unter ihren Sachen. Ich frag nach ihrem Mann, und sie sagt, er ist in Salvador. Und ich reparier also den Spülkasten, und bei dieser Reparatur, kannst du dir denken, was passiert ist.«

»Was ist denn passiert, Cuiuba?«

»Na ja, ich also mit der Hand im Spülkasten, und die Frau schaut mich an, das Kleid ist so richtig in der Mitte offen. Weißt du, daß reiche Frauen keinen Fleck haben, nicht mal Härchen oder Falten, gar nichts, alles ganz glatt, und wie sie riechen, die duften richtig. Also, es wird Mittag, und die Sandbank liegt ganz frei in der Ebbe, und man hört nur das

Knistern von den Krebsen in ihren Schlupfwinkeln, als würde die ganze Sandbank so hin und herschaukeln, arrrum, arrrum, also, da kam eine Elektirzität hoch, eine Elektirzität, sag ich dir, also ehe ich michs versah, war ich schon bei der Frau im Zimmer, bei ihr, ja.«

»Das heißt, du hast es mal mit dieser Frau gemacht.«

»Mal? Nein, das war nur der Anfang, weil, die Frau hat mich fortgezogen, den Schwimmer hatte ich noch in der Hand, und der Spülkasten leckte, und es war ein einziges Getaumel durch das ganze Haus, und ich immer gib dem Mädchen und sie immer oh, oh, sie würde sterben! Ooh, aah, und wir sind die Treppe runtergerollt, und mit der Flut kam so ein Beben und immer noch ooh, aah, als hätte die Frau seit Jahren schon keinen Knüppel mehr gesehen, na, und ich immer weiter, nicht, aah, ooh, aah...«

»Diese Urlauberin hast du wohl richtig weichgestoßen, was Cuiuba?«

Da lächelte Cuiuba sein Wellensittich-Lächeln, fuhr mit dem großen Zeh über das Auge eines Kaulkopffisches, der im Boot auf dem Boden lag, und erzählte folgendes: daß die Frau, noch ganz zerzaust, sich für ein Augenblickchen entschuldigt hatte und mit zwei anderen zurückgekommen war. Daß diese beiden, eine war die Frau von einem Bankbesitzer und die andere die Frau von einem hohen Abgeordneten, daß beide es noch viel nötiger gehabt hätten, und die Frau vom Bankbesitzer, die hätte sich gleich auf Cuiuba draufgesetzt und die andere sie immer weggezogen, also ein richtiger Streit. Und daß sich die drei aufreihen mußten, eine nach der anderen mit dem Hinterteil nach oben, und Cuiuba hätte es ihnen dann schön der Reihe nach gesteckt. Daß die Frau vom Bankbesitzer ihre Schwiegermutter geholt hätte, eine gut erhaltene Witwe, und daß Cuiuba die auch richtig bedient hätte, da konnte keiner was aussetzen, und die Alte hätte hipp-hipp-hurra geschrien, was ein Ausruf von früher ist, wie Olé-olé, wo Cuiuba bis heute nicht weiß, was das ist, nur daß es so was wie Beifall bedeutet. Daß die vier völlig durchgedreht wären und geknobelt hätten, um zu bestimmen, wer noch zwei alte Mütterchen holen sollte, und die, die verlor, die wär weggegangen, und die drei wären alleingeblieben und hätten sich prächtig mit Cuiuba amüsiert. Als die beiden Alten ankamen, wär Cuiuba das Feuer schon zu den Ohren rausgekommen, und die erste hätte er fast noch auf der Veranda umgelegt, und die hätte auch so olé, olé gemacht. Daß die Hausangestellte, ein sehr feines Mädchen, fast weiß, und Englisch konnte die und ausgesehen hat sie wie eine Schauspielerin aus der Telenovela, es nicht mehr ausgehalten hätte und ihre Uniform ausgezogen und sich auf Cuiuba gestürzt hätte. Diese Frauen, also die scheuen ja vor rein gar nichts zurück, so schlimm sind die. Und zum Schluß, da wär die älteste Tochter von der jüngsten Alten gekommen und hätte auch noch mitgemacht, und Cuiuba hätte mit ihr das Diliridum-Dilirida gemacht, was man nur mit ganz viel Praxis schafft. Daß alle Klarinette geblasen hätten und Posaune und Saxophon und Dudelsack. Daß Cuiuba erst zwei Tage später weggegangen wär von den Frauen. Daß die Frau vom Bankbesitzer ihm zwei Wohnungen schenken wollte, eine in Rio und eine in Pituba, aber er, er hätte die Freiheit vorgezogen. Die wären doch alle verdorben bis dort hinaus, und die Männer wären Schlappschwänze und Schwulsäcke, und daß das Leben der Menschen auf Itaparica viel besser wär. Und daß es bestimmt die Schalentiere sind und die Radiktivität und die Schönheit vom Itaparikaner, aber das Geld, das bringt kein Glück.

An all das muß ich denken hier im Garten, während ich dem Fußballspiel zusehe. Übrigens gewinnt gerade die Mannschaft von der Insel, schon wieder, weil wir nämlich in einem immer gut gewesen sind, und das ist Fußball. Und überhaupt haben wir immer alles reichlich gehabt, ein gesegnetes Land ist das hier. Das wirkliche Abenteuer, das ist der Mensch, der kein Hemd trägt, wie der Philosoph mal gesagt hat. Schau her, da sitzt Luiz Cuiuba auf einer Bank im Garten, den Hut tief ins Gesicht gezogen, die Augen auf den Horizont gerichtet, das Hirn am Arbeiten. Wenn man ihn beobachtet, vermutet man nichts. Jetzt ist keine Sommerferienzeit mehr, jetzt ist Zeit von gar nichts. Um diese Zeit gibts hier nichts, sogar die Fische tauchen manchmal unter, und jede Nacht und jeder Tag, die sind so aneinandergebunden, da tut sich überhaupt nichts, die einen gehen aus der Welt, die anderen kommen auf die Welt. Im Winter ist es kalt, und die Armut ist groß. Trotzdem, ich glaube, hier gibt es einen richtigen Stolz. Da geht Luiz Cuiuba, allein, auf dem Weg nach Hause. Alle gehen nach Hause. Und jeder geht rein, um nachzudenken und zu träumen. Zumindest bis acht Uhr, wenn Schlafenszeit ist, um dann wieder aufzuwachen und arbeiten zu gehen, ohne viel nachzudenken.

Vavá Paparrão gegen Vanderdique Vanderlei

Die Debatte im Stadtrat ist eröffnet, und heute gibt es soviel Publikum wie noch nie zuvor, weil nämlich normalerweise nur der alte Conceição zuhört, der alte Caetano und drei oder vier Fliegen, je nachdem, ob Regen kommt oder nicht. Die Leute sagen, Popó, der Präsident, erscheint jeden zweiten Tag, sucht das Kworum und findet es nicht. Er steigt auf sein Podest, schaut zur einen, dann zur anderen Seite und sagt: kein Kworum da. Dann verbringt er die restliche Zeit mit dem alten Caetano und dem alten Conceição und unterhält sich mit ihnen, dabei redet er fast immer schlecht vom Gouverneur, daß der Gouverneur das ja nicht erfährt. Aber heute wird erwartet, daß es Krach zwischen Vicente und Nequinho gibt, und die meisten Einwohner haben etwas Geld auf den Ausgang gesetzt, und bei so was muß man dabeisein, Geld ist Geld. Das Problem mit Vicente und Nequinho ist nicht, daß Vicente von der UDN ist und Nequinho von der PSD, das nimmt hier noch jeder hin. Das Problem sind die Holländer. Die meisten Leute denken nie an die Holländer, wenn einer hergehen und fragen würde, was denken Sie über die Holländer, dann wüßten die Leute nicht, was antworten. Nicht so die Itaparikaner. Also wenn man beim Itaparikaner über die Holländer redet, dann wird er gleich unruhig, und wenn man dann ein paar Fragen stellt, dann schimpft er gleich auf alle Holländer, die Leute hier sind ja gutmütig, aber so leicht vergessen die nicht. Sogar die Alten, wir haben hier eine Menge tattriger Alter, weil nämlich bei uns sehr wenig gestorben wird, also wenn die tattrig werden, dann kämpfen die mit Bettlakenzipfeln gegen die Holländer. Das ist schon bei verschiedenen alten Männern und Frauen von der Insel so gewesen und kommt noch immer vor. Plötzlich, da ist das Haus totenstill, und auf einmal hört man ein Geschrei aus dem Zimmer von der Alten, und da kämpft sie gegen die Holländer. Das Zimmer von meiner Großmutter Emilia war auch immer voll von Holländern, und wir konnten die alte Frau nur beruhigen, nachdem sie mindestens vier oder fünf von denen erwürgt hatte. Wir gaben ihr Melissentee zu trinken, und dann erklärte sie uns, daß das Haus fast von diesen gräßlichen Holländern eingenommen worden wäre, unter Anführung von Vanderdique Vanderlei, gräßliche weiße Männer, alle mit glatten Zöpfen, und nach Zwiebel und fauligem Kohl stanken die. Keiner von uns hat jemals diese Holländer von meiner Großmutter Emilia gesehen, aber wir haben gehört, welchen Lärm sie machten, manchmal war es nachts die wahre Hölle, und der Kampf hörte erst gegen vier oder fünf Uhr morgens auf, Großmutter Emilia war völlig erschöpft, aber nie besiegt von den Holländern. Der alte Caetano noch nicht, aber der alte Conceição, von dem sagen die Leute, daß er ab und zu mit den Holländern zu tun hat, neulich hat ein Enkel ihn erwischt, wie er im Schlafzimmer einen Holländer am Wickel hatte, fast hätte der den Kleiderschrank zu Kleinholz gemacht. Wird nicht lange dauern, und er kommt nicht mehr im Schlafanzug in den Stadtrat und wird den ganzen Tag nur noch mit Holländern kämpfen, kannste Gift drauf nehmen. Na ja, wir haben noch und noch solche Fälle, das ist die Tradition.

Man weiß ja, daß hier die Holländer eingefallen sind, also in ganz Bahia, und daß wir sie rausgeprügelt haben. Was wir hier an Helden haben, das paßt in ein Buch nicht rein. Der verstorbene Bambano, der mich nicht ausstehen konnte, weil ich nie die Namen von all den Helden behalten habe, der wußte alles auswendig. Da waren Maria Felipa, João das Botas etc. Alles kräftige Kerle, auch die Frauen. Also diese ganze Sache mit den Invasionen der Holländer, da läßt sich der Itaparikaner von keinem was vormachen, eben weil so viele hier die ganze Geschichte kennen, das braucht man nicht in Büchern zu lesen, nein, das kommt von den Inkarnationen. Paparrão selbst ist so ein Fall. Paparrão erinnert sich genau, daß er so um 1600 mit demselben Namen Vavá, nur ohne Paparrão, derjenige war, der von unserer Insel Nachrichten zu Padre Antonio Vieira in die Kathadrale rübergebracht hat. Der Pater nahm die Nachricht, las sie und wurde ganz böse, und dann hat er es den Holländern vielleicht gegeben, Ketzer und noch viel Schlimmeres. Paparrão zeigt immer seinen Arm, wenn er sich daran erinnert: da schau, Gänsehaut hab ich. Er sagt, die Predigt vom Pater, das wäre das Schönste, was er je gehört hätte, und daß es heute keine Priester mehr gibt, die das können, und daß vom Himmel Musik kam, wenn Padre Vieira auf die Holländer schimpfte. Paparrão versichert, daß die Leute, wenn der Kampf ganz schlimm wurde, ins Segelboot stiegen und alle mitnahmen, die sie kriegen konnten, um die Predigt von Padre Vieira zu hören. Daß, wenn die Leute von dort zurückkamen, sie schon feuerspeiend losgingen, so waren die drauf aus, jeden Holländer, der ihnen in die Quere kam, zu packen, und so haben wir den Krieg gewonnen, weil, wenn es wirklich eng wurde, dann besorgte Padre Vieira nämlich in der Not auch mal ein Wunder. Paparrão hat verschiedene erlebt, nur den Knall, den hat er nicht gesehen, übrigens auch sonst niemand. Das war damals, Paparrão kann das bestätigen, oder auch die Bücher, daß Santo Antonio Offizier bei der Armee war, wenn ich mich nicht irre, war er Hauptmann oder Major, und einmal, da haben die Holländer uns so übel mitgespielt, daß wir alle auf Santo Antonio vertraut haben, der kam einfach nicht, so daß die Portugiesen den Heiligen degradiert haben. Und trotzdem, sagt Paparrão, hat Padre Vieira die Heiligenstatue vor allen in der Kirche aufgestellt und ihm ordentlich eingeheizt und Paparrão sagt, wenn er Santo Antonio wär, er hätte sich nie wieder in Bahia blicken lassen. Tut man denn so was, ist das denn recht? hätte der Pater gefragt, und der Heilige ganz still, was sollte er auch sagen. Schöne Rolle spielst du da, sagte der Pater, wir kriegen hier Prügel, diese Holländerbande vereinnahmt hier fast alles und spielt sich auf, und du, du kassierst hier deine Münzen und Kerzen und Novenen und ich weiß nicht was alles, ein richtiger Luxus, und das fürs Nichtstun? Was denkst du dir eigentlich? Aber, aber, herrgottnochmal! Der Pater hatte Autorität, und der Heilige mußte das respektieren, das heißt, gesprochen hat er nicht so, er sprach gewählt, aber dem Sinn nach war es so, jedenfalls hat sich der Heilige geschämt, und am nächsten Tag, da haben wir die Holländer verprügelt, daß die Leute noch heute davon sprechen, bei uns in Salinas, in Encarnação, Maragogipe und überall in der großen Bucht, und sagen, der Heilige wäre vorneweg gewesen und hätte an die Holländer ausgeteilt und zwar so kräftig, wie das noch keiner jemals erlebt hat. An dem Tag haben wir die Kerle vielleicht gejagt, und viele von denen haben sich auf der Insel drüben versteckt, deshalb heißt sie nämlich heute bei uns die Insel der Furcht, und von hier aus haben wir Eisenkugeln mit unseren Kanonen rübergeschickt, aber hingegangen sind wir nicht, weil es da Wildkatzen gibt. Die Seelen von diesen Holländern sind noch dort, bei den Katzen. Keiner verbringt die Nacht dort, höchstens legt mal einer mit dem Boot an. Aber Paparrão hat schon da übernachtet und mußte die ganze Nacht über Fußtritte gegen diese Holländerseelen austeilen, die hatten ihn nämlich wiedererkannt. Ein Glück, daß der Heilige aufgetaucht ist, weil er da wohl immer Wache schiebt, er möchte das mit dem Pater gern wieder gutmachen, obwohl Paparrão seine Zweifel hat, ob der Pater dem Heiligen verziehen hat, vielleicht ganz, ganz tief im Innersten, aber nicht so, daß der sich nun was herausnehmen kann, nein. Gibs ihnen, Paparrão! schrie der Heilige. Und er fuhr dazwischen, aber wie der dazwischenfuhr, so stinkwütend, wie der war, und jede Holländerseele, die sich blicken ließ, aber auch jede, kriegte eins verpaßt. Paparrão sagte, der Heilige wär so zornig gewesen, daß er selbst gar nichts zu tun brauchte, er mußte die Holländer immer nur auffangen und in die Luft kikken. Und wenn Paparrão nicht noch eine Inkarnation gehabt hätte, dann hätte er den Heiligen ja nie erkannt, weil der in so einer Situation seine braune

Kutte ablegt und in Rüstung daherkommt, so ähnlich wie der heilige Georg, er schwingt seinen Degen und schreit ziemlich laut und macht einen Aufstand, daß man Erfahrung haben muß, um ihn zu erkennen. Er hat nicht mal diesen Kringel um den Kopf, weil er den unter dem Kampfhelm versteckt. Und was er und Paparrão den Holländern an dem Tag verpaßt haben, das reicht, um den Ruhm von der Insel der Furcht zu verdoppeln. Ich sag ja, dieser Santo Antonio, bei dem kann man sich ganz schön irren. Übrigens auch bei vielen anderen Heiligen, da muß man sich eben auskennen.

Also schön, manche bezweifeln, was Paparrão erzählt hat, die glauben nicht, daß er an dem Tag, wo der ganze Boden mit Leichen von Holländerseelen übersät war, den Heiligen gesehen hat, daß sein Boot ein Loch hatte, aber der Heilige sagte einfach, nun fahr schon, mein Guter, und Paparrão fuhr mit dem Leck im Boot los, und als er in Itaparica ankam, da war es ganz trocken und voll mit dicken Meeräschen, und ein Briefchen vom Heiligen lag da: Paparrão, laß gut sein, nimm die Meeräschen, es ist keine gute Zeit zum Fischen. Bist immer willkommen, dein ergebener Major Santo Antonio, mit vorzüglicher Hochachtung, was das heißt, weiß Paparrão nicht, aber er besteht drauf, daß er den Zettel gefunden hat und daß er den Heiligen gut kennt, nicht sehr gut, aber gut. Dann hat er ein paar Feuerwerkskörper gekauft mit dem Geld von den Meeräschen, dem Heiligen zu Ehren, aber diese Feuerwerkskörper haben keine Löcher in den Himmel gestoßen, das waren die von Lamartine, Paparrão ist kein Lügner.

Aber es gibt Leute, die denken, er wär einer, weil er ein Mann von Format ist, und ein Mann von Format wird immer beneidet, und es gibt immer welche, die so einen runtermachen wollen. War es denn nicht Paparrão, der an einem Tag mit starkem Nordostwind, direkt vor dem Tor vom Itaparica-Klub, als er selbst für den São Lourenço gespielt hat, den Eckstoß schießen sollte, und der Wind gab ihm Zeit und hielt den Ball in der Luft, und er hat ihn reingeköpft? Und war es nicht Paparrão, der für denselben São Lourenço, diesmal in Jaguaribe, an zwei Stellen das Bein gebrochen und es erst am Spielende gemerkt hat, wegen dem heißen Blut? Und war es nicht Paparrão, der auf dem Weg zur Insel seinen Ring im Meer verlor, die Stelle auf der Welle markierte und zurückfuhr und 24 Stunden tauchte und den Ring fand? Und war es nicht Paparrão, der den Jungfern- und den Liebesfisch als einziger mit Dynamit getötet hatte, wo man doch weiß, daß diese Fische nicht durch Dynamit sterben? Und war es nicht Paparrão, der eine gebildete Mula hatte, die auf alles hörte, und auf besagter Mula fiel er in den Abgrund, und bevor er unten ankam, sagte er he-hopp, und die Mula gab sich einen Ruck und blieb in der Luft stehen und keiner wurde zerschmettert, ganz im Gegenteil? Also wirklich, ja doch, ist doch so, nicht wahr, muß doch mal gesagt werden.

Da sehen wir also, daß es heute, wenn es richtig losgeht, Neuigkeiten geben wird. Die Sache ist nämlich die, daß Vicente behauptet hat, damit es ja alle hören, daß, wenn die Holländer hergekommen wären statt der Portugiesen, dann würde es uns heute viel besser gehen, aber wirklich viel besser. Was mußte er das bloß sagen? Schon hat Nequinho ihn mit Vanderdique Vanderlei beschimpft, und sogar meine Familie hat er mit reingezogen, weil nämlich Vanderdique meiner Großmutter Emilia so oft erschienen ist, und Großmama Emilia sich immer gewehrt hat. Es gab bloß keine Prügel in diesem Augenblick, weil Popó entdeckt hat, daß kein Kworum da war, jedenfalls, wenn es eins gegeben hatte, war keins mehr da, weshalb nun alle die beiden festhielten, aber heute ist die Hölle los. Heute ist der Tag der Entscheidung, da gibt es kein Pardon.

Wir sind hier alle große Demokraten, wessentwegen alles gut verlief, ohne Umschweife. Vicente kam und sagte, für ihn wären es die Holländer, und wem das nicht paßte, der sollte es gleich sagen, dem würde er aber Injuralien anhängen, und wenn das nicht wirkte, dann würde er dem Erstbesten mit der Faust ins Gesicht fahren. Da wartet Nequinho nicht lange, denn der ist mein Vetter, und darum erzähle ich hier bestimmte Sachen nicht, also er sagt, wer die Holländer mag, der soll doch gleich nach Holland gehen, wo man ja weiß, daß die Holländer verkehrtherum sind, und dann zählte er in einer wunderbaren Ansprache große brasilianische und portugiesische Persönlichkeiten auf. Vicente, der heißblütig ist und schon drauf gewartet hatte, sagte, er würde keine großen Persönlichkeiten aufzählen, im Gegenteil, er würde Nequinho eine verpassen. Und wirklich, wenn Nequinho nicht mein Vetter wär, dann würde ich jetzt erzählen, daß Vicente wahrhaftig gut gezielte Schläge in seinem Gesicht gelandet hat, aber Nequinho ist mein Vetter, also kriegte Vicente fürchterliche Prügel, so ist die Historie eben gemacht, hat mein Großvater schon gesagt. Inzwischen steigt doch auf Paparrão, der mit dem alten Caetano rumdiskutiert, weil der Geld für eine Klempnerarbeit genommen hatte, die noch nicht getan war, eine Gottheit runter, und er ruft: Halt dich fest, Vanderlei! Vicente schaut hin, als wäre es Vanderdique Vanderlei persönlich. Das war der Auslöser, nun bekam Vicente Kollektivprügel wie noch nie zuvor jemand bei uns, die UDN-Partei war gleich erledigt, weil keiner Udenisten sah, nur Holländer. Es stimmt, daß in Paparrão eine Gottheit gefahren war, aber das nimmt dem Ganzen nicht die Größe. Und wieder einmal haben wir die Holländer besiegt, und selbst heute, wenn sie wieder einfallen, wird es ihnen schlecht ergehen, wir sind Itaparikaner und aus hartem Holz geschnitzt. Die UDN ergab sich, die PSD gewann. Seit dem Tag wählt Paparrão PSD und alle aufgeklärten Wähler auch, weil wir die Holländer nicht ausstehen können. Wir sind froh. Die Holländer werden nie wieder herkommen und uns unterwerfen. Und Vicente, der kann nach Pernambuco gehen, da mögen sie die Holländer. Wir nicht, wir sind freie Menschen.

Die Macht des Wortes und der Kunst

ALS ROBERIO AUGUSTO, DIE SILBERNE NACHTIGALL, hier ankam, war der letzte Rezitator, an den man sich hier erinnerte, einer aus der Kaiserzeit, noch vom Anfang unseres Jahrhunderts, so um den Dreh. Die einzige, die davon noch erzählen konnte, war Dona Vilasinha, geborene Evilasia Pereira, die war über hundert Jahre alt, und jedes Jahr gaben ihre Leute ein Fest zu ihrem Geburtstag, es wurden viele Fotos gemacht, und die Alte hielt eine Rede, und alle sagten, wie wunderbar, sie hat ein so gutes Gedächtnis, sie war mit Castro Alves befreundet, und sie kann vortragen, daß es eine Pracht ist, nur, daß wir alle nichts verstehen von dem, was die Alte sagt, weil sie so viel sabbert, die Alte, sie hat noch Naninho Urenkel (der heißt so, weil sein einziger Beruf der ist, daß er der Urenkel der Alten ist und der Zeitung schöne Interviews gibt und immer erzählt, daß sie die Freundin von unserm großen Dichter Castro Alves war), Naninho Urenkel, mit diesem runden Gesicht, wie er der Alten immer den Sabber abwischt mit einem Batisttuch, so einem für Geburtstage. Die letzten Male, da hatte die Alte schon ein bißchen was von sich gegeben, dann verschmierte das oder sie pinkelte sich naß, aber sie hörte nicht auf mit dem Rezitieren, und die Augen geschlossen, »Columbus, schließ das Tor zum Meer, Anrade zeig die Fahne her«, sogar die Leute vom Kino waren mal hier, um sie beim Rezitieren zu filmen, aber den Film haben wir dann nie gesehen. Nachdem die Fotos gemacht waren und Naninho den Negerinnen im Haus das Batisttuch schon zurückgegeben hatte und das Salzgebäck herumgereicht wurde und die Maniokkuchen und Biskuittörtchen und alle möglichen Arten von Teigröllchen schon aufgegessen waren, redete die Alte immer noch weiter, und so erfuhren wir von diesem bedeutenden Rezitator, der im Kaiserreich hier war oder in der Zeit vor dem großen Weltkrieg. Ein künstlerischer Rezitator mit einem Haarschopf ganz genau so wie Roberio Augusto, was man so hört, die Wahrheit ist, daß bis heute die Welt – jedenfalls diese hier, nicht die andere – etwas Ähnliches nicht gesehen hat. Dona Vilasinha vergaß nämlich, wenn sie die Geschichte von diesem Rezitator erzählen wollte, genannt Pedro Düfte der Lüfte, das war ein Spitzname, den er bekommen hatte wegen ein paar Versen, die die Frau von einem Zuhörer geschrieben hatte, wo es hieß, o Pedro Düfte der Lüfte weckt in mir Gelüste, also sie vergaß immer einen Teil der Geschichte, und einmal soll der sich sogar was mit den jungen Männern hier erlaubt haben, die mit ihren Mädchen zum Tanz hergekommen waren, und er hat hier und da einem zwischen die Beine gefaßt. Aber wo war ich? Ja, Dona Evilasia hat diese Geschichte von Pedro Düfte erzählt, ein wahrhaftiger Rezitator, der im Kaiserreich gekommen war, aber keiner hat Pedro Düfte je zu Gesicht bekommen, mit Ausnahme der Vorvorfahrinnen von jedermann hier, denn es gibt keine Urgroßmutter und keine Ururgroßmutter, von denen die verblichene Evilasia nicht behauptet hätte, daß Pedro Düfte die nicht bestiegen hat. Darum sind wir hier vielleicht alle mehr oder weniger Dichter. Wir hatten noch einen anderen, womöglich zur Zeit von Getulio Vargas, der kam einmal ganz kurz her, sang ein paar Lieder im Circo Brasil und spielte die Rolle von Samson im Drama von Samson und Dalila. Der heißt Sinval und hat wirklich eine schöne Stimme und stottert nicht, wenn er Samson spielt, aber der hat nicht die richtige Kultur, der reicht nicht an Roberio Augusto ran. Für Roberio Augusto, da müßte mal eine Tafel angebracht werden auf dem Platz des Fernsehens, zu seinen Ehren, oder sogar eine Statue, wo er doch derjenige war, der uns die Macht der Kunst und des Wortes gezeigt hat. Und dazu brauchte er nicht Kommunist zu sein wie Sinval, den sie übrigens zu Getulios Zeiten in den dreißiger Jahren auf ein Schiff gesteckt haben, und verprügelt haben sie ihn, und als er freikam, war er verkrüppelt, richtig verkrüppelt, weil es heißt nämlich, Getulio konnte Kommunisten gar nicht leiden und behandelte sie nicht gut. Wenn man ihn ansieht, würde man nicht denken, daß er Kommunist war. Wie gefährlich, man konnte nichtsahnend exkommuniziert werden, nur weil man ein paar kommunistische Lieder mit ihm gesungen hatte.

Aber ich habe meine Zweifel, ob jemand eine Tafel anbringen oder eine Statue aufstellen wird, weil die Leute hier sehr von sich überzeugt sind, und außerdem kann es sein, daß Frederico das nicht gefällt, er ist hier ein hochgeachteter Mann. Es wird nicht einmal viel darüber gesprochen, und außerdem ist Dona Margarida Angelica heute Frau Doktor und außerdem hantiert ihre Familie gern mit dem Schießeisen rum, und Doktor Fernando, ihr Schwager, wenn der ein paar über den Durst getrunken hat, dann verprügelt der alle Welt, und Geld hat er wie

Heu, also dies und anderes mehr erfährt man nach und nach, wenn man länger hier ist. Ganz zu schweigen von Doktor Fernando seinem Jüngsten, Dudu Bezerra, von dem erzählt wird, er hätte mehr Entjungferungen auf dem Buckel – wie man hier sagt, nicht wahr – als Haare auf dem Kopf, na ja, und noch vieles andere. Der einzige, der in dieser Familie gut davonkommt, ist Pater Lauro, obwohl auch über den so einige Geschichten gemunkelt werden, von Betschwestern, und Pater Lauro, das muß mal gesagt werden, der streichelt den Mädchen so gern über den Arm, mitten in diesem ganzen Lateingeleier, und es heißt auch, daß Menschen mit graumeliertem Haar immer was aushecken, der Herrgott verzeih mir.

Also gut, es ist ein sonniger Sonntag, wir sind nicht gerade eine große Stadt, aber eine großartige, und da kommt mir doch mit der Lieferung Zeitungen von Donnerstag Seu Roberio Augusto in den Ort. Damals hatte der Halunke, der behauptet, er wär hier der Bürgermeister, noch keinen Fernseher auf dem Platz angebracht, so ein Dreckding, da drauf sehen die Leute grün aus und das Fußballfeld rosa, aber damals gab es noch kein Fernsehen, und der Halunke war auch noch nicht Bürgermeister, sein Vater wars, kommt aufs selbe raus. Es gab also den Lautsprecherdienst der Nordostrundfunkanstalten, die hatten gar nichts, nur morgens und nachmittags Wunschkonzert, gegen Abend das Ave-Maria, und die restliche Zeit veranstaltete der Eigentümer dasselbe wie in anderen Städten hier: er schaltete das Radio ein und stellte das Mikrofon davor. Das war gut, denn so hörten wir umsonst Radio, obwohl man nichts verstand. Jedenfalls war das besser als in Walters Ladenschenke, weil man bei dem bezahlen mußte. Wenn sich einer über die Theke hängte, ohne was zu bestellen, nur zum Radio-Hören, dann kam Walter und kassierte. Darum ist der reich geworden, und heute hat der sogar Whisky in seinem Laden, und den schenkt er aus für mehr als hundert Mil-Reis den Fingerbreit, aber echter Bahia Rauchzart.

Sonntags gab es ein Programm mit Publikum, unter Leitung von Jota Santana, Sohn von Dona Pequena, Neffe von Doktor Bezinha, ein gebildeter Junge, heute ist er Angestellter bei der Schiffahrtsgesellschaft von Bahia. Erst kam die Messe, dann sagte Jota »Hallo, hallo Studio«, und dann kam er selbst über den Platz gerannt, von der Kirche zum Dienst, das lag gegenüber, er sagte nur immer, »Hallo, hallo, Studio«, und zog diese meterlange Schnur hinter sich her, und wenn er auf der anderen Seite ankam, legte er eine Platte auf, verschnaufte ein bißchen, drehte die Musik leiser und sagte mit einer richtig fabelhaften Spieker-Stimme: Wir melden uns aus dem Studio am Kirchplatz, ohne Nummer, am Mikrofon Jota Santana zum Fröhlichen Sonntag! Inzwischen hatte sich schon ein ganzer Haufen Leute angesammelt, jeder brachte einen Stuhl oder einen Hocker mit, und dann war da ein Podest, alles richtig organisiert. Am Anfang gab es ein Klavier, das hatten sie von Kaufmann Garrido geliehen, aber dann ließ der es abholen, als seine Tochter Pepa bei einem Wettbewerb für neue Talente verlor, dabei waren die Preise alle auch noch aus seinem Laden, man stelle sich das vor. Also jetzt gab es kein Klavier mehr, aber immer noch die Pausenzeichen, die spielte Jota

Santana auf dem Pickap, und den nannte er zum Auftakt immer Maestro, was weiß ich, warum, und dann stellte sich eine Kapelle vor, drei Schwestern, damals noch ganz jung, heute sind die alle Frau Doktor, die kennst du gar nicht: Dona Cândida, heute mit einem gewissen Doktor Fernando verheiratet, Dona Olga, heute mit einem simplen Cuca verheiratet, von dem keiner den richtigen Namen weiß, da dran kann man sehen, daß der nicht viel taugte, mit so einem Namen, und Dona Margarida. Alle drei spielten Akkordeon, ihr Vater hatte sie regelrecht dazu geprügelt, damit sie spielen lernten und nur ja nicht auf dumme Gedanken kamen. Als ob das viel genützt hätte, daß der Vater sich so aufgeopfert hat, er ließ drei prachtvolle Akkordeons aus Bahia holen und dazu den vollständigen Kurs von Meister Mascarenhas und bezahlte die Stunden bei Lulu Peru, ganz berühmt war der bei uns und in Argentinien wegen seiner Ziehharmonika. Nur, der Vater wußte damals nicht, Gott verzeih mir, daß Dona Cândida schon mit Doktor Fernando ging und Dona Olga mit diesem Cuca, und es gab Leute, die haben Sachen gesehen, also die sieht man selbst heute nur im Kino, wenn überhaupt. Wenn diese Mauern und diese Stufen hier sprechen könnten, das muß ich so oft denken. Übrig blieb Margarida, das sei wegen der Gerechtigkeit Halfter gesagt, die hat nie einen Freund gehabt, nur einen Gaucho, der hier war, der hat eine Churrascaria aufgemacht, und dann ist er weg und hatte überall Schulden, aber nicht darum war ihre Freundschaft gleich zu Ende, eher weil Margarida ihm beim ersten Treffen gefallen wollte und eine kleine Äffin nachmachte, die ihr Vater zu Hause hatte, und der Junge aus dem Süden war so erschrokken, daß er nie mehr was von ihr wissen wollte, obwohl sie jeden Abend am Eingang vor der Churrascaria wartete, und noch für lange Zeit konnte sie keine Chuleta und keine Bombachas mehr sehen. Sie konnte einem leid tun, die Ärmste. Heute noch kann sie es nicht vertragen, wenn man von einer Äffin redet.

Also die drei spielten und sangen, und dann gab es noch einen, der spielte eine große Trommel, heute ist das Doktor Diogenes Lima, und Triangel spielte der jetztige Doktor Geraldo Furtado, der hat viel Geld verdient, weil er Leute falsch behandelt hat, und heute ist er Fachmann im Rauchen von Zigarren und Pfeife, im Wein- und Kognak-Trinken und kriegt sogar Patienten aus Frankreich, und die Leute sagen, er wär schon mal mit nackten Frauen auf einem Foto gewesen, in einer von diesen Zeitschriften mit nackten Frauen, und dabei hat der vielleicht Kognak geschluckt, daß man nur staunen konnte. Doktor Diogenes nicht. Doktor Diogenes hat Rechtsanwalt studiert und hat den Leuten noch mehr Geld abgeknöpft als Doktor Geraldo, dann hat er sich ein Haus gebaut und hatte schließlich alles satt, und verbringt heute seine Zeit zu Hause mit massig viel Geld von der Testamentsvollstreckung, spielt Trommel und erzählt Geschichten und schreibt derbe Witze über unsern Camões vom Sertão. Von allen war Margarida die beste Musikantin, nur durfte man, wegen der Liebeswunden, keine Musik aus dem Süden spielen, dann flossen viele Tränen, jeden Tag in der Stunde der neuen Talente, präsentierte sich ein Amateur, und schon aus lauter Gemeinheit sangen die immer dies bekannte »Ach, mein Liebchen« aus dem Süden, und dann mußte sie immer an den Gaucho denken, der so weit fort war, alles aus Angst vor der Äffin. So ein nettes Mädchen, die Ärmste, da stand sie nun, an ihr Akkordeon geklammert, mit einer Stimme fast wie Carmen Miranda, alle hatten Mitleid mit ihr.

Also es ist dieser sonnige Sonntag, na ja, Sonne ist ja auch das, was wir hier am meisten haben, wenn man den Staub nicht mitzählt, und da kommt nun mit den Zeitungen vom Donnerstag die Silberne Nachtigall Roberio Augusto. Erst wußte keiner, daß er die Silberne Nachtigall war und ausgerissen aus der Irrenanstalt in Mossoró, was übrigens nicht wichtig ist, denn alle Künstler flüchten entweder aus dem Irrenhaus oder werden reingesteckt, aber deshalb muß man sie nicht verachten. Bodelé, also Charme Bodelé aus Frankreich, der riß auch immer aus dem Irrenhaus aus. Und der war vielleicht charmant. Er kam also mit den Zeitungen, hatte seine Bücher bei sich und trat in einem schwarzen Jackett an, graue Schläfen hatte er, einen gezwirbelten Schnurrbart, einen Spitzbart, weit aufgerissene Augen und einen Mund, als wollte er gleich was sagen, und das sah man, wenn man ihn bloß anschaute. Also es wurde nicht sofort klar, daß er der war, der er war, selbst die Frauen merkten das nicht gleich. Erst später, als er in Walters Schenke »Wogende Schaumkronen« deklamiert und Walter geweint hat und ihm zehn Prozent nachgelassen hat beim Bier, da kann man sich ja vorstellen, was dieser Kerl veranstaltet hat, daß Walter einfach zehn Prozent Nachlaß gab. Dieses r, wie der das rollte, also das hast du noch nie gehört. »Wirrr sind auf offenerrr See«, rief er, und da war keiner, der nicht Gänsehaut kriegte. Und langsam wurde klar, der Kerl war teuflisch. Schwarzes Jackett, schwarze Hose, breite Krawatte mit großem Knoten. Breitgezupftes Ziertuch in der Tasche und spitze Schuhe, mal braun-weiß, mal schwarz-weiß, mal mit Gamaschen. Eine Hose mit engen Beinen, Sandelholzduft unter der Achsel, Nylonstrümpfe, letzter Schrei, Marke Anti-Fußschweiß. Ein schiefes Lächeln wie ein Krötenfisch, so halb hingelächelt, halb schicksalsgeprüft und noch zögernd angesichts der Beute. Leuchtende Zähne, ein Tropfen Parfüm auf dem Tuch und obendrein eine graue Weste, und bei uns gab es Leute, die hatten von Westen nur gehört, wollten gar nicht glauben, daß es so was gibt. Und wenn er ging, ein Bein war nämlich kürzer, dann wurden die Mädchen ganz unruhig, und es gab welche, die bei seinem Vortrag vor Publikum nicht hinsehen konnten, und alle waren so kreischig, und einige wurden ohnmächtig, und Jota Santana fächelte ihnen Luft zu, aber ich glaube heute noch, das war nur aus Frechheit, nicht wirklich aus Sorge. Der brauchte nur mit diesem vereinnahmenden Lächeln anzukommen, und die Weiber, also es war beschämend, wie die sich benahmen, das machte wirklich einen schlechten Eindruck. Und das heißt nicht, daß er die Frauen gut behandelt hätte, im Gegenteil. Wie oft kam er angehinkt, ein Mädchen sagte etwas Schmeichelhaftes zu ihm, und er hielt an und warf diese geierlichen Blicke, da mußte man ja erzittern. Und wie oft hieß es, er hätte Ohrfeigen verteilt, sogar unter den Frauen im Haus von Lindinalva, und da muß man ein richtiger Kerl sein, schon, um die zu umarmen, und wieviel mehr noch, um ihnen Ohrfeigen zu verpassen. Er behandelte sie schlecht, so war das, und darin liegt das Geheimnis des Mannes, oder?

Ja, und um ehrlich zu sein, die Frauen in der Stadt gewöhnten sich an seine Art, obwohl der einzige, der sich so benehmen konnte, der Dichter selbst war. Es tauchten sogar hier und da welche auf, die wie er einen Bart trugen und ähnliche Blicke warfen wie er, aber nie so gut wie er, schon gar nicht wegen der Wörter, die er sagte, und diese kräuseligen grauen Schläfen, als wären es die Flügel der Silbernen Nachtigall. Die Frauen gehen nach dem, was einer sagt, ein Dummkopf, wer glaubt, die gehen nach dem, was einer arbeitet, und darum haben wir mehr Gehörnte auf der Welt, als man sich überhaupt vorstellen kann, alle schön bei der Arbeit und kaum einer am Dichten. Also, es brachte gar nichts, daß die Stadt voll war mit diesen Kerlen im schwarzen Jakkett, mit Weste und Bart und hochgezogenen Augenbrauen, auf und ab spazierten sie, taten auch noch so, als wär ein Bein kürzer als das andere, denn keiner von denen konnte so schöne Worte von sich geben wie Roberio Augusto, schon gar nicht mit diesem zitternden Adamsapfel, dabei die Hand so abgewinkelt, und die Haare fielen ihm in die Stirn und diese rollenden Augen von einem, der »den Genius in sich brodeln« fühlt, wie ein Dichter gesagt hat. Und die anderen konnten nicht mal die großen Dichter der Menschheit auswendig zitieren, und das noch perfekt in verschiedenen Sprachen, die hätten das nie gebracht.

Keiner hat vergessen, wie er im Radio eine Sendung zu Ehren von Olavo Bilac gegeben hat, er fing um neun an und hörte erst nach Mitternacht auf, die Leute waren alle hingerissen und völlig in Tränen aufgelöst, andere stammelten vor sich hin, so ein wunderbares Schauspiel. Und dann deklamierte er nur noch für die Männer, Walter gab zehn Prozent, dies Gedicht mit dem Kuß, wo die Frau nicht genug hat mit dem Mund auf dem Bauch und will, daß der Kuß weiter nach unten geht, und wir haben alle unsere Hand in der Hosentasche versenkt, nur Joca Gomes fand das eine Schweinerei und spuckte aus, aber keiner beachtet Joca Gomes, man braucht nur seinen Namen zu hören, wenn man ihn schnell hersagt, Kackgomes, na ja. Und einmal hat Roberio eine Frau verprügelt, Dejanira hieß die, weil sie ihn gefragt hatte, warum er so spät gekommen wär, und er wurde böse und alle wissen doch, daß diese Dejanira es in sich hat, daß mit der nicht zu spaßen ist und daß die sogar ein Messer in ihrer Unterwäsche stecken hat. Aber er hats ihr gegeben, und als sie ganz klein geworden war, da hat er eine Nacht lang Friederich Nitische zitiert, das ist ein deutscher Gelehrter, den er verehrt. Gehst du zu den Frauen? hat er gesagt. Vergiß das Zuchtseil nicht! – aber was das ist, hat er nicht erklärt, alle meinen, das wär was ganz Schlimmes. Und noch was. Der Mann ist ein Übermensch! In der Rache und in der Liebe sind die Frauen barbarischer als der Mann, also gehören sie geschlagen! Ist der Mensch eine Dummheit Gottes oder ist Gott eine Dummheit des Menschen? Ach, die Frau ist der zweite Irrtum Gottes! Und was hat der Roberio für eine Show hingelegt – ich kann mich nicht mehr so genau an die Zitate erinnern – und ich glaube, sogar wenn ein Deutscher auftauchte, würde der was abkriegen. So sprach Zaratoaster, stimmts?

Kein Wunder, daß Roberio Augusto an diesem Fröhlichen Sonntag mit all diesen schönen Worten gar nicht zu Ende kam. Erst war es dies und jenes, sogar eine Vorstellung von Sängern aus Rio, die kannte er persönlich, und dann erzählte er lauter Geschichten und so weiter, und Silvio Caldas hat ihm ganz oft Geld geliehen. Und selbst, als sie Jota Santana und dem aus São Paulo, dem diese Lautsprecheranlage gehörte, erzählt haben, daß der Kerl aus dem Irrenhaus in Mossoró entflohen war, half das nichts, bzw. doch, weil Roberio dann »Der Wahnsinnige« aufgesagt hat, am Ende hat er gesabbert und geweint, wirklich beeindruckend, und die ganze Gesellschaft war dagegen, daß man einen Verrückten einen Verrückten nennt, und die Männer, die wie er herumliefen, taten nun auch so, als wären sie verrückt, es wurde richtig Mode. Nach ungefähr zwei Vorstellungen hat er eingewilligt und das Programm übernommen, das er sich mit Jota Santana ausgedacht hatte, das ging von drei bis fünf Uhr nachmittags und hieß Stars und Musen oder Musen und Stars, eins von beidem. Das war ein Erfolg und mit viel Publikum, und sogar Garrido, der heute noch wütend ist und keinen Lautsprecher vor der Nase sehen kann, wegen seiner Tochter Pepa, befahl seinen Verkäufern, sie sollten still sein, es wäre die Stunde der Dichtung, und er spendierte dem Dichter noch mehr Geld als sonst und sagte, das wär nicht für den Dichter, das wär für die Kunst. So war eben Garrido.

Ich war zu seinem ersten Programm da, und als er anfing, sah ich, daß Dona, nein, Frau Doktor Margarida Angélica verloren war. Natürlich auch, weil Männer einen perversen Instinkt haben und Roberio Augusto gleich bemerkte, daß gerade sie die unschuldigste aller Rosenknospen war und ihm deshalb die größte Freude bei einer Eroberung bescheren würde, weil Männer nichts lieber tun als Frauen was beizubringen, alle Welt weiß das. Also ging er zum Angriff über, trat von hinten an sie ran, bevor das Programm anfing, legte die Arme um sie und spielte zwei Akkorde auf ihrer Ziehharmonika, um zu zeigen, daß er das auch konnte und schmiegte sich von hinterwärts kunstvoll an, und sie wurde tiefrot, aber mit innerer Befriedigung. Sie brachte kein einziges Wort heraus, er ließ ihr auch keine Zeit dazu, weil Jota Santana schon zum Einsatz aufgefordert und Maestro gerufen hatte und auf dem Grammefon ein Walzer gespielt wurde. Roberio, mit einer Verbeugung, woran man seine biegsame Wirbelsäule erkennen konnte, warf die Haare nach vorn, dann strich er sie zurück, während er sich die Lippen leckte, und nun befahl er, die Platte anzuhalten, man könnte doch keine Platte abspielen, wenn es so schöne junge Mädchen gab, dabei sah er zu Margarida Angelica rüber, deren musikalische Schönheit nur noch von der Schönheit ihres Anglitzes übertroffen würde, und er leckte sich wieder die Lippen, dieser Hurensohn, man mußte das einfach bewundern. Und sie über und über rot.

Aber er war flink, und schon fing er mit dem Programm an. Die Mädchen sollten »Reveri« spielen, das ist diese traurige Melodie, und dann fingen sie sanft an mit den »Tauben« von Raimundo Correia. Als ungefähr eine Stunde später der »Laternenanzünder« von Jorge de Lima kam, wankten Margaridas Beine schon, das konnte man sehen. Dann sprach er von den »verblichenen Geliebten« und rezitierte Machados »Geliebte auf der letzten Ruhestatt«. Nun kam er noch mal mit Jorge de Lima und schlug zu mit »Spei auf diesen Mund, der dich geküßt«. Da drehte er sich um, sah der Unglücklichen tief in die Augen und fing an mit unserm Dichter Judas Ischiasrot: »Seid denen, die von ferne kommen, stets und immer wohlgesonnen ...« Jetzt klapperte sie mit den Knien wie ein aufgeschreckter Krebs und starrte ihn an, sie konnte einem leid tun, wirklich. Er legte Tempo zu, brachte wieder Jorge de Lima mit seiner »Nega Fulô«, seine Augen ließen sie nicht mehr los, ihre Ziehharmonika spielte fast von allein. »Oh, wie ist es kalt geworden, und doch bin ich in dir geborgen« deklamierte er mit einer ganz anzüglichen Stimme. Na, und auf gings mit Frühne, mit Kurtisanen und Alahbastergöttinnen, und keuchende Liebe zwischen heuchelnden Küssen, also das hätte wirklich jedes Mädchen umgehauen. Sogar ein Gedicht von Bocage war dabei, den Leuten wurde ganz anders, weil sie dachten, jetzt würde er Unanständigkeiten zitieren, aber es war ein anderer Bocage, ein José Maria, der eine bestimmte portugiesische Maid sehr mochte. Also, wie ich nach dem Programm wegging, da kannte ich alles.

Wirklich. Noch heute gibt es welche, die erzählen, Roberio Augusto hätte mit Margarida ein Treffen an der Bahnhofsmauer ausgemacht, und daß sie schon mit ganz großen Augen hingegangen und gleich verloren gewesen wär. Eigentlich war es rührend. Er kam, sagen die Leute, hätte sie gestreichelt im Gesicht, ihren Arm genommen und ihr tief in die Augen gesehen, er stellte sich in Pose, seufzte ganz, ganz tief und blitzte dabei so verführerisch mit den Zähnen und sagte: Sei mein! Und sie hätte überhaupt rein gar nichts mehr dagegen gehabt.

Die Leidenschaft hatte sie so tief ergriffen, daß Roberio Augusto keinen Schritt mehr tat, ohne daß sie hinterherging, wortlos. Wenn er eine von den Frauen von der Straße traf, die ihm den Unterhalt übergaben, dann wandte sie sich ab und wartete, bis das erledigt war. Bestimmte Leute in der Stadt fanden das ungeheuerlich empörenswert, aber ich fand, das war entweder die Empörung von Männern, die nicht so gebildet waren wie Roberio Augusto, oder von Frauen, die noch nicht die Gelegenheit gehabt hatten, ihn mal auszuprobieren. Aber die richtige Empörung, die kam erst an dem Sonntag, als Margarida den »Reveri« anstimmte, als Untermalung für unsern Dichter Álvares de Azevedo, zum Abschluß, da hat sie sich vor Übelkeit gekrümmt, und Roberio Augusto tat so, als würde er nichts bemerken, aber da war keiner, der nicht wußte, was los war, hier und in einem Umkreis von fünfhundert Meilen, daß Doktor Helio zu ihr und zu ihrem Vater gesagt hatte, so daß alle es hören konnten, es wär keine Gelbsucht, auch keine Würmer, auch nicht die Regel, die nicht kommen wollte. Da hätte was angesetzt, hat Doktor Helio gesagt, und so wars. Es war ein ungeheurer Skandal, vor allem, weil Roberio Augusto mehrmals gesagt hatte, daß der Dichter in der weiten Welt lebt und daß es die Pflicht des Volkes wär, den Sohn des Dichters zu unterhalten, wie das bei Dichtern eben so ist. Ihre Familie ging nun in

Stellung, und es war ein großes Glück für Roberio Augusto, daß Fernando Bezerra und Cuca Perigoso, die sich zu dieser Zeit, nachdem sie reichlich gekostet hatten, schon als verheiratet betrachteten mit den besagten Schwestern, unterwegs waren zu einer gewissen Jagd von zwanzig Tagen, das machten sie immer, nur wußten alle, daß es keine Jagd war, sondern eine Sauftour mit Einkehr bei den Mädchen vom Gewerbe, und Dudu Bezerra war noch nicht geboren.

Unterdessen will die Familie nichts gemerkt haben, und Margarida tritt jeden Sonntag im Programm auf, und jedes Mal ist ihr noch unwohler, und der Bauch wird immer dicker, bis die Empörung sich immer weiter ausbreitete und es sogar in Walters Schenke eine Diskussion gab und ein Vetter von ihr sich einmischte, und beinah hätte es Prügel gegeben. Aber da las Roberio ein Gedicht vor, das hatte er für den Sohn geschrieben, der erwartet wurde, so was Schönes an Reim und Rhythmus. Also das hieß ja, daß er den Sohn anerkannte, den er unter anderm als ergötzliche Frucht einer mehr als göttlichen Liebe bezeichnete. Und dann glaubte man natürlich, die Sache würde repariert, der Dichter würde heiraten, um die Wahrheit zu sagen, hatte er nicht viel mehr als sein schwarzes Jackett und seine Gamaschen, aber die Familie der Braut, die hatte was, und außerdem wurde Doktor Fernando allmählich reich und wußte damals schon nicht mehr, wohin mit seinem Geld. Die Enttäuschung war jedoch groß, weil, als sie mit ihm reden und alles ausmachen wollten, da riß er vor Erstaunen die Augen noch weiter auf als sonst, lief in der Schenke an die Türschwelle von etwa einem halben Meter Höhe, wegen der Überschwemmung, und stieß einen Schrei aus, den man bis auf den Platz hören konnte: Heiraten, nie! Und dann legte er los und sagte einiges über das Heiraten und alle wüßten, daß er wirklich verrückt wär und daß das normal wär bei einem Künstler. Nachdem er nun diese Rede gehalten hatte, von der viele Anwesende sehr beeindruckt waren und einige nur vom Weitererzählen, unternahm er fast so etwas wie eine Kampagne und ging von Tür zu Tür und erklärte das Problem mit dem Heiraten. Einmal stand er vor ihrem alten Herrn, der gerade zu ein paar Besorgungen fort wollte, öffnete die Weste und das Hemd, zeigte auf seine Brust und rief: Schießen Sie, oh, so schießen Sie doch, lieber den Tod, ich ergebe mich in mein Schicksal! Da juckte es den Alten ganz schön, aber die Leute hielten ihn fest, weil sich nämlich schon große Bewunderung für das Verhalten von Roberio Augusto breitgemacht hatte, den alle, außer daß er ein großes Talent war, auch für mutig und aufrecht hielten. Er hat nie schlecht von Margarida Angelica geredet. Er sagte, sie wäre ein Himmelsengel, und zog lauter gräßliche Grimassen, um zu beweisen, wie finster und abscheulich seine eigene Seele wär. Der Dichter wär vor allem ein Vogel der Freiheit, seine ewige Verdammnis wär es, in der Welt umherzuirren, das wär die naturgegebene Bestimmung des Künstlers. Und noch dies und noch das, und er könnte doch seinen verfluchten Namen nicht diesem unschuldigen Kinde geben, denn außerdem, wie alle Dichter – und er blinkerte mit den Augen –, würde er bald an Tuberkulose sterben! Und dann lief er ganz schlampig herum und hockte traurig in der Ecke, ein jämmerlicher Anblick, und hustete ziemlich, und als Margarida Angelica von zu Hause ausriß und hinter ihm auftauchte mit diesem dicken Bauch, da sagte er: »Fort, fort von mir, ich darf dich nicht berühren, hab dich so befleckt, fort!«

Ja, und so bekamen die Leute Mitleid mit ihm, und alle wollten was für ihn tun, und er war ein ganz geachtetes Geschöpf unter uns, überall. Der Junge kam zur Welt, Roberio erhielt viele Glückwünsche, feierte kräftig und verschwand mit dem Lastkahn um Mitternacht. An Walters Tür hinterließ er ein Gedicht, da stand drin, »meinen Sohn laß ich euch hier, so entferne ich mich nie«, und da hieß es noch, die Stadt hätte Nenufahren, das gefiel allen. Die Leute behaupten, Margarida würde noch heute dies Gedicht an ihrer Brust aufbewahren. Übrigens hatte Margarida so viel Milch, daß sie auf Jahre hinaus aus Nächstenliebe für viele Kinder die Amme war, es war erstaunlich, es kamen Leute von auswärts, um sich das anzusehen. Der Junge kam mehr oder weniger nach dem Vater. Er heißt Friederich, eben zu Ehren von Friederich Nitische. Er malt Bilder, das heißt, er arbeitet nicht und verdient gut. Und mit den Frauen hat ers auch, wie der Dichter. Er machts weniger, aber er machts.

Doktorspiele

Meine Mutter hat mir dieses Arztköfferchen mit Instrumenten geschenkt. Es enthielt ein Stethoskop, ein Blutdruckmeßgerät, eine Spritze, eins von diesen Lämpchen, die man am Kopf festmacht, die ich nie benutzt habe, ein Thermometer und noch vier oder fünf Geräte, für deren Anwendung ich immer meine Patientinnen bat, sich auszuziehen. Interessant, daß meine Mutter nie über die Möglichkeiten eines Arztkoffers nachgedacht hat. Offensichtlich wußte sie nicht, daß die meisten Spiele, die ich damit anstellte, unanständig waren. Und angefangen habe nicht ich damit, sondern eine Nachbarin, nämlich als wir beschlossen, Versteck zu spielen. Wir beide waren in eine Höhle gekrochen, und da strich sie mit ihrer Hand hier unten entlang. Von dem Tag an war jedes Spiel, was ich spielte, unanständig, und am liebsten sagte ich immer, alle müßten allen ihr Ding zeigen: wenn du mir deins zeigst, dann zeig ich dir meins. Damals entdeckte ich, daß Facharzt die beste Sache auf der Welt ist. Wenn man allgemeiner Arzt ist, dann ist es ein bißchen dumm, wenn man die Patientin bittet, sie soll ihr Ding zeigen. Wenn du Facharzt bist, dann erwartet sie das. Aber ich war damals viel zu naiv und zu dämlich, um diese Vorteile zu erkennen.

Ich weiß nicht, ob du dich erinnerst, wie es damals in Aracaju war. Ich weiß nicht einmal, ob du dich erinnerst, wie wir darüber gesprochen haben, daß meine Mutter und mein Vater nicht mehr meine Mutter und mein Vater seien, und du hast das gleiche gesagt. Ich weiß nicht, ob du dich noch erinnerst, daß wir beide uns das Ding von Susanne angesehen haben, und als sie es uns gezeigt hat, saß sie auf der Treppe, sie schniefte und trug einen Schlüpfer, der mit Bändchen festgebunden war, es gab ja noch kein Gummiband, und wir sahen hin, und dann schämten wir uns, daß wir hingeschaut hatten, und du sagtest: Meine Mutter hat ja gesagt, dieses schmutzige Ding, dieses unsaubere – kannst du dich erinnern, daß ich da angefaßt habe, und sie hat gelacht und sich geschüttelt? Und nach dem Katechismusunterricht hast du davon geredet: Wenn das so stinkt, dann werde ich lieber Priester. Das Schlimmste an den Mädchen war, so meinte Dodô, daß bei denen oben da so was herumbammelte, diese Dinger, und dann noch Gerüche, und es seien nicht mehrere Löcher, sondern nur eins, was man sehen könnte, das sei ganz unkompliziert. Dodô erklärte das: Bei der Frau ist das Loch unten zwischen den Beinen, und zeigen tut sie es nur, wem sie will, oder wenn einer sie zwingt, und selbst dann ist es möglich, daß sie es nicht zeigt.

Übrigens möchte ich, daß du dich erinnerst, wie wichtig Dodô bei dieser ganzen Transaktion war. Ich wollte dich fragen, ob du dich noch an Dodôs Reden erinnerst, wenn er uns allen Vorträge hielt. Es war Dodô, der uns zuerst erklärt hat – hast du ihn übrigens gesehen? Glaubst du, seine Rückgratverkrümmung ist besser geworden? Ach was, bei dem Zwerg doch nicht –, daß Kinder gemacht werden, wenn der Vater sich in die Mutter gestöpselt hat. Das war alles ziemlich schockierend. Da kommt mir ein befreundeter Kollege in Erinnerung, der Pathologe war, weil er nur Leichen mochte, er sah sich die Spermen unter dem Mikroskop an und sagte: Das wird mein Vater nie glauben, der kann sich das noch so ansehen, er wirds nicht glauben. Und meine Mutter, die würde gar nicht erst durch das Mikroskop sehen wollen, geschweige denn was anderes, Gott bewahre. Glaubst du, sagte dieser Pathologe, daß ich hier Samentierchen sehe, alles sehe, was ich in den Büchern gelesen habe, und trotzdem nicht glaube, daß es so war? Ich kann einfach nicht glauben, sagte dieser Pathologe, daß mein Vater und meine Mutter auf diese Weise ins Bett gegangen sind. Ich muß durch Urzeugung entstanden sein.

Es war wie damals mit Dodô, das haben wir auch nicht geglaubt. Dodô behauptete auch noch, die häßlichen Kinder würden geboren, weil der Vater beim Zeugen das Gesicht verzieht. Um ein hübsches Kind zu machen, erklärte Dodô, muß der Betreffende ein ganz überzeugtes, sorgloses Gesicht aufsetzen. Und dann hat er so ein Gesicht gemacht, um ein Beispiel zu geben. Aber, sagte er, die wenigsten widerstehen der Lust, und dann schneiden sie die gräßlichsten Gesichter. Also wenn ich vögel, sagte Dodô, dann schneide ich Grimassen, daß die Frau manchmal direkt Angst bekommt. Und wir glaubten, Dodô würde tatsächlich vögeln und wollten alle erfahren, wie das war mit der Lust. »Mann, die Lust, die zieht und zerrt an dir«, erklärte Dodô, »und dann machst du sssfff, sssfff, und obs der Frau richtig Spaß macht, das merkst du daran, ob sie auch sssfff macht oder nicht.«

Als mein Arztköfferchen kam, hatte ich das mit den Untersuchungen schon angefangen, es war aber alles ziemlich empirisch. Die meisten Mädchen verlangten eine gewisse Achtung, deshalb war es schwierig, sie dazu zu bringen, die Höschen auszuziehen, denn ich hatte nur ein Stück Holz und ein paar Blätter als Instrumente. Außerdem fuhr ich mit diesem Holz manchmal ziemlich hart über den Bauch der Mädchen, und das mochten sie gar nicht. Heute weiß ich, daß ich wahrscheinlich eine operieren wollte, eine Art Totaloperation. Ich habe einen Freund, der schon ich weiß nicht wie viele gemacht hat, wir haben in Bahia zusammen studiert. Er behauptet zwar, das stimmt nicht, aber ich bin sicher, daß er sehr gern Totaloperationen vornimmt, das verstehe ich. Ich selbst tue das nicht, aber ich verstehe es. Kannst du dir vorstellen, daß ich mal einer Laperoskopie zugeschaut habe und furchtbar aufgeregt war? Ich finde, ein Eierstock ist etwas Wunderbares, so eine Art Tulpe, findest du nicht?

Am Anfang lief die Praxis sehr gut. Ich baute alles in einem der beiden leeren Räume im Hinterhof auf und verbrachte den ganzen Nachmittag dort. Das erste Instrument, das ich anlegte, war das Stethoskop, aber das war nicht interessant, weil die allermeisten Mädchen keine Brust hatten. Die einzigen Brüste, die wir damals sahen, waren die auf den Renaissance-Bildern, die die Zeitschriften zu Weihnachten veröffentlichten, und das führte auch nur dazu, daß wir glaubten, wir kämen in die Hölle, weil wir wirklich dachten, diese Madonnen seien die Jungfrau Maria. Nur bei einem Mädchen war das mit der Brust anders, sie hatte schon diese Pickel. Ich habe sie gezwickt, und sie hat sich in die Hosen gepinkelt. In der Klinik mache ich gern Scherze darüber, ich sage, daß ich wahrscheinlich deshalb bis heute keinen Nachttopf sehen kann ohne Hintergedanken. Sind halt Witzeleien, aber weißt du, irgend etwas ist wirklich an so einem Nachttopf – na ja, ich weiß nicht. In den meisten Häusern gab es damals Nachttöpfe, und es war wirklich dantesk, wenn die Erwachsenen in der Nacht in den Nachttopf pinkelten, ich kann mich erinnern, daß meine Großmutter viel pinkelte, mich schauderte es, und ich spürte Urinspritzer im Gesicht, schrecklich. Mein Vater pinkelte im Stehen, er zielte in den Nachttopf und besprühte alles ringsherum. Einmal erwischte er mich, wie ich in der Hocke pinkelte und schimpfte fürchterlich. Erinnerst du dich, daß ein Junge, der im Hocken pinkelte, abgeschrieben war, auch wenn er bloß das ganze Zimmer nicht besprühen wollte? Noch heute redet mein alter Herr davon, vor allem, wenn Besuch aus Aracaju kommt.

Also meine Praxis lief gut. Eigentlich behandelte ich nur die Mädchen, aber wenn es keine Patientinnen gab, dann taten wir eben etwas anderes. Zum Beispiel Jofre aus der Zedernstraße, der brachte einmal einen Kater zum Operieren. Er wollte selbst operieren. Damals wußte ich das nicht, aber ich war der Arzt und er der Chirurg. Also bei der Chirurgie sehe ich noch heute lieber zu, besonders bei einer Totaloperation. Ich weiß nicht, ob du schon eine Vivisektion von Katereiern vorgenommen hast. Jofre war sehr gut darin. Er benutzte eine Rasierklinge und schnitt die Eier vom Kater ganz glatt ab, eine perfekte Arbeit. Aber wir weigerten uns, einfach bloß einen Kater zu kastrieren, also gab es mehrere Feierlichkeiten, wir nannten den Kater einen Patienten und so weiter. Wir hatten also die Eier vom Kater abgeschnitten und waren ganz aufgeregt. Ich fragte Jofre, ob das die Lust sei, aber er sagte, nein. Jedenfalls war das eine gute Lektion für uns, und dieser Kater war uns nicht böse wegen der Operation und kam immer wieder, und wir konnten ihn ganz leicht einfangen. Dann verpaßten wir ihm einen Einlauf, das machten wir mit meiner großen Spritze, die eine dicke Plastiknadel hatte. Ich erzähle das immer diesen Leuten, die Schizophrene psychoanalysieren, für mich sind die nämlich die Verrückten. Ich glaube an Aufputschmittel, ich habe immer daran geglaubt – gib mir einen Verrückten, ich gebe ihm ein Aufputschmittel, ist alles nur ein Problem der Chemie. Das ist nämlich ein Feld, da wird eine Menge Unsinn getrieben.

Die meisten Mädchen waren sehr kooperativ. Ich verschrieb ihnen immer eine Spritze in die Bäckchen – ich sagte Bäckchen und finde das heute noch hübscher als Hinterbacken –, und sie ließen es zu. Ich kann mich genau erinnern, als ich bestimmte kleine Hintern entblößte, da hatte ich so ein etwas unangenehmes Gefühl, ich zitterte und konnte nicht unterscheiden zwischen ich weiß nicht wie vielen Anwandlungen, mich zu bewegen, nach vorn, nach hinten, zur Seite, schrecklich war das. Mir blieb auch die Luft weg. Aber nach der Spritze in die Bäckchen nahm ich immer meinen ganzen Mut zusammen, um eine Art gynäkologische Untersuchung vorzunehmen. Weißt du, noch heute kann ich nicht verstehen, wie man Gynäkologe werden kann. Es gibt für alles auf dieser Welt eine Berufung. So glaube ich auch, daß Perversionen nützlich sind. Ohne Perverse gäbe es keine Gynäkologen. Ich tat das mehr aus Pflicht, weil die Leute bei diesem Arztspielen auf alles eingehen, wozu einem dieser Beruf das Recht gibt, man muß sich nur innerhalb der Spielregeln bewegen. Und danach wußte ich nicht mehr, was ich tun sollte, und war ganz beklommen.

An jenem Tag wolltest du kommen, kamst aber nicht, weil deine Fahrradkette gerissen war und dein Vater dich nicht fortließ, aber du erinnerst dich, daß ich Dodô erzählte von meinem großen Verdruß bei diesen gynäkologischen Untersuchungen, und da sagte er wichtigtuerisch, daß das alles nur deshalb so sei, weil meine Patienten Mädchen seien. Daß es mit Erwachsenen ganz anders sei, und wenn ich Gelegenheit hätte und eine richtige, reife Möse sähe, dann wäre ich ganz überwältigt, und es gäbe keinen Mann auf der Welt, den nicht ein Beben ergreift, bei dem es da unten nicht puckert und der sich nicht unwiderstehlich hingezogen fühlt zu dieser wunderbaren Grotte der Lust. Dodô sagte »Grotte der Lust«, ich kann mich noch genau daran erinnern, siehst du, wenn ich es mir recht überlege, war unsere Generation wirklich gebildet, an der Metapher erkennt man die Bildung. Es war Sonntag, und wir gingen zu einem großen Haus in der Duque de Caxias, die Hausbesitzer waren nicht da, weil sie an den Strand gefahren waren, nur die Hausangestellte, mit der Dodô etwas ausgemacht hatte. Er sagte, daß sie Jungs in unserem Alter gern mochte. Sie hätte gesagt, am liebsten möchte sie reinbeißen, sagte er. Das werde ich nie vergessen, ich wollte sie bitten, sie sollte mich nicht beißen, aber gleichzeitig schämte ich mich. Und war es nicht Sünde, das an einem

Sonntag, Mann? Bevor ich nach Hause ging, mußte ich in die Kirche, meine Hände und den Mund im Weihwasser waschen, damit ich meine Mutter nicht so anfaßte und küßte, eine Mutter ist etwas Heiliges, und die Finger fallen ab, und auf den Lippen kriegst du Lepra, und die Hölle ist dir gewiß. Also, ich war schon recht aufgeregt, noch mehr, als ich die Frau sah, weil sie uns in ein Zimmer mitnahm, das aussah wie eine Garage, und sie schniefte an meinem Hals herum und befummelte mich. Dodô erzählte von meinen ärztlichen Untersuchungen. Da lachte sie und sagte, mein kleiner Arzt, du bist mein kleiner Doktor, willst du nicht eine kleine Suchung bei deiner Patientin machen. Dabei rollte sie auf das Bett, zog mich zu sich, aber ihre Hände glitten an meinem Nacken ab, und so blieb ich sitzen, und als sie nach hinten fiel, machte sie die Beine breit und ich sah hin. Ich kann mich ganz genau erinnern, es war ein Schlüpfer, so hellbraun, und ich war nicht sicher, ob er hellbraun oder schmutzigweiß war, und genau in der Mitte, das schwöre ich dir, da war ein dunkler Fleck, wie eine nasse Stelle. Mir wurde ganz anders, weil mich das zwischen ihren Beinen und die Schatten im Zimmer an Zeichnungen von der Hölle in einer Ausgabe der Göttlichen Komödie erinnerten, die mein Vater besaß. Ich dachte bei mir: und wenn ich heute, an diesem Sonntag, in die Hölle komme? Aber ich sagte nichts und tat nichts, ich blieb auf dem Bettrand sitzen, bis sie, nachdem sie das ganze Gehänge von Dodô einen Augenblick in den Mund genommen hatte, ihr Kleid abschüttelte, als wollte sie explodieren. Ich sah Dodô, er war nackt wie ein gerupfter Vogel, und dann konnte ich nur noch die

Frau ansehen, sie hatte riesige Brüste und große schwarze Warzen, die ganz spitz waren, nach vorn zeigten und bebten. Untersuch mal hier, sagte sie, machte das Bändchen auf und zog den Schlüpfer aus. Weißt du, ich glaube, in dem Augenblick bekam ich Fieber. Und da steht Dodô ohne Hose in der Ecke und zähneklappernd, ganz merkwürdig. Ich glaube, ich sah da unten eine Art Zunge zwischen den Haaren der Frau, und sie fiel rückwärts auf das Bett, mit gespreizten Beinen und – weißt du, wie das ist, wenn man panische Angst bekommt? Ich meine, kannst du dir das vorstellen? Als ich das sah, Mann, und ich glaube, da stieg auch so ein Geruch auf, da kriegt mich keiner hin. Und sie redete und redete von der Suchung, die ich bei ihr machen sollte, und ich bekam Angst, eine solche Angst, ich weiß nur, daß ich die Duque de Caxias hinunterrannte, ohne mich umzusehen.

Ich glaube, das führte bei mir zu einem gewissen Trauma. Sogar meine Praxis verwandelte ich in eine Veterinärklinik, obwohl wir nie wieder einen Kater hatten, der sich so einfach kastrieren und Einläufe machen ließ wie der eine. Daran kannst du sehen, es sind Ereignisse, die in Wahrheit eine Berufung bestimmen. Es heißt immer, ich sei Arzt geworden, um meine Mutter zufriedenzustellen, aber das stimmt nicht, sie wollte, daß ich Kinderarzt werde, und ich finde Kinderärzte und Seniorenärzte anomal, die sind doch pädophil bzw. gerontophil. Nein, nein, wenn ich nicht Psychiater wäre, wäre ich Proctologe. Aber nicht hier in Aracaju.

Der pfeifende Teufel

Das Problem mit all diesen Geschichten ist, dass sie alle offsireckord sind, wie man das heutzutage nennt. Das heißt, wer was sagt, schreibt es nicht und wer was schreibt, unterschreibt es nicht. Mit mir nicht. Das mag ja sehr in Mode sein, aber es überzeugt mich nicht. Bei mir können Sie hinschreiben: das habe ich gesagt. Und alles andere, wenn da einer was weiß, es hinterher aber nicht bestätigen will, dann soll er es eben nicht bestätigen. Schreiben Sie das hin, ohne dieses offsireckord. Da hat einer Angst, die Leute könnten behaupten, er sei ein ausgemachter Lügner, wer immerfort lügt, wird nicht rot. Mit mir nicht, schreiben Sie das. Der Teufel Beremoalbo, viele Leute waren persönlich mit ihm zusammen – ich könnte einige nennen, nein, lieber nicht, heutzutage nennt man was, und wenn man es am wenigsten ahnt, schon hat man einen verpfiffen, oh, nein –, der Teufel Beremoalbo, das war ein ganz widerlicher Teufelskerl, einer von den Schlimmsten, die hier je aufgetaucht sind, außerdem hat der hier schändlich gehaust, und dann stieß er so ein Pfeifen aus und ein höllisches Lachen hohohoho, mit einem Teufelshauch, also ganz, ganz anders. Er kam zu den Leuten an die Tür, und auf seinen Lippen explodierte jeder Buchstabe:

»Guten Abend. Mein Name ist Beremoalbo.«

Und dann gute Nacht Matilde, da kam dann nur noch eine Scheußlichkeit nach der andern, in Windeseile. Die Milch wurde sauer, Frauen hatten Fehlgeburten, Kinder bekamen Durchfall, die Rinder kriegten Würmer, das Wasser faulte in den Tonkrügen, Nagelgeschwüre, alte Jungfer entehrt, Dach vom neuen Haus geweht, alles, was nur denkbar ist. Der Kerl hatte eine scheußliche Stimme, eine dunkle Grabesstimme, es hörte sich schauerlich an so mitten in der Nacht, »mein Name ist Beremoalbo«, man muß sich das vorstellen. Es gibt Menschen, die haben noch nach guten Eigenschaften bei diesem Beremoalbo gesucht, aber es muß die Wahrheit gesagt werden, es ist eine schlimme Rotte, wo der Teufel der Beste ist: an diesem Beremoalbo ist wirklich nichts Gutes dran, man kann ihm nicht über den Weg trauen. Sonst erinnere ich mich nur noch an den Tag, an dem dieser Herr Beremoalbo uns mitten im Lautsprecherprogramm dazwischenfunkt. Und spricht folgendes:

»Guten Abend. Am Mikrofon Beremoalbo. Wählen Sie die Partei Emdebé.«

Schauen Sie, was der für einen idiotischen Rat gegeben hatte. Wirklich interessant. Also, sollte doch die Mutter von diesem Hurensohn die Opposition wählen und vier Jahre lang hier warten, nicht einmal der Justizminister würde auftauchen, und der zählt sowieso weniger, also da laust mich doch der Affe, also wirklich. Ich glaube, jetzt ist klar genug, mit wem man es bei diesem Beremoalbo zu tun hat.

Andererseits ist Beremoalbo lange nicht der einzige von dieser Teufelsbrut, der sich hier herumtreibt, ja, genau von so einem Fall will ich nämlich berichten, später. Es gibt Leute, die streiten das ab, aber wenn die sich umdrehen, dann bekreuzigen sie sich und legen überall im Haus Knoblauch aus, aber

Beremoalbo ißt leider auch Knoblauch, mit dem ist das nicht so einfach. Manche streiten das ab, aber die tun nur so, denn in Wahrheit erinnern die sich alle, und wenn Sie auf sie zugehen, dann zählen sie folgende Beelzebuben auf: Balganoel, der Scheißeverteiler; Virifinario, der mehr Gehörnte auf dieser Erde gemacht hat, als man zählen kann; der Oberteufel Jugurta, der alle Welt dazu gebracht hat, die Wahrheit zu sagen und damit erreicht hat, daß allerhand Übles bekannt wurde, was die Leute lieber nicht erfahren hätten; Harpagelon, der verschiedenen Priestern in den Kopf gesetzt hat, sie sollten in das Gebiet von diesen mehr als degenerierten Indios gehen, die den Rockyfello gefressen haben – Indios, die Rockyfello gefressen haben, mit so einem Volk ist doch nicht zu spaßen, oder? – und außerdem haben die Indios die Priester gefressen, ohne es sich zweimal zu überleben, denn wenn ein Indio sich nur ein halbes Mal etwas überlegt, hat er schon viel gedacht; Rolvinesio, der die Leute zum Reden überredet hat, und Leute zum Reden überreden, das bedeutet großes Elend; Erundino, der überall furzte und Feinde machte; Raimundo Humberto verteilte knallende Ohrfeigen, hob bei den Frauen die Röcke, blies Winde mit übelsten Folgen, brachte Ohrenschmerzen, ließ beim Einschlafen Fliegen surren, machte bei Liebhabern den Schwanz schlapp, stachelte unerträgliche Kinder auf, und was noch alles uns Menschen auf unsern Herrgott den Schöpfer fluchen läßt – aber dieser Raimundo Humberto, also das müssen Sie doch zugeben, daß ein Teufel, der Raimundo Humberto heißt, nie dasselbe sein kann wie einer, der auf Beremoalbo hört, also dieser Herr Raimundo Humberto, der ließ sich, wo immer einen das Unglück traf, ihm zu begegnen, als Ascaltenor vorstellen, aber das ist wieder ein anderer Teufel, um den geht es hier nicht.

Also Sie können sich ja hier umschauen und sich Ihren Reim drauf machen. Denn jeder nimmt das wahr, was er will, ob nun offsireckord oder nicht. Obwohl, bestimmte Dinge nicht wahrnehmen, das ist doch eigentlich unverschämt, aber die Nächstenliebe verlangt, daß wir das hier beiseitelassen. Ich werde nie vergessen, wie mal ein paar Amerikaner hier waren und alle Leute gefilmt haben – aber keinen Pfennig haben die dafür bezahlt, wie sie das zum Beispiel bei Tarzan tun, wir haben zwar keinen Tarzan, aber Kinder Gottes sind sie hier auch alle –, und als die Filmleute gemerkt haben, daß die meisten nur arbeiten, wenn sie Hunger haben, haben sie gesagt, daß wir alle hier eine reiche Gesellschaft sind. Das haben die behauptet, und sogar im Radio haben sie das gebracht. Das heißt, je mehr wir im hinterletzten Winkel im hinterletzten Busch wohnen und aufs Feld kacken, desto besser finden sie das. Die Amerikaner sind noch gewiefter als die Paulistas. Die haben uns alle unter Kontrolle. Der Teufel Gildelio, wie Sie ja wissen, sonst hätten Sie ja nicht nach ihm gefragt, der war was Besonderes, nicht wie die andern, weil, und dafür gibt es Zeugen, weil der immer mit hochgezogener Augenbraue und einem finsteren Gesicht rumlief, der konnte es nicht ertragen, ein Teufel zu sein. Obwohl ich das nicht so hundertprozentig glaube, weil ich ihn so oft gesehen habe, wie er aus der Schenke von Ernestino rauskam mit riesigen Scheiben Trockenfleisch, das er geklaut hatte, und danach hat Ernestino jeden untersucht und abgesucht, der so aussah, als hätte er kürzlich Trokkenfleisch gegessen, vor allem rohes. Ich bin auch mal falsch beschuldigt worden. Also das sind so Dinge, da kann man schon so seine Zweifel ernähren.

Was wiederum das Pfeifen angeht, da kann ich wirklich sehr gut aussagen, weil nämlich alle hier in der Stadt wissen, daß ein bestimmter Pfiff, den man hier früher viel gehört hat, wie eine Art Warnung ist, dann kam nämlich das Unglück. Und zwar, nachdem er Acurcio schon in den Kopf gesetzt hatte, er soll Isabel Rosalia heiraten und zu ihrer Mutter ziehen, zu Dona Aurora, die man bloß keine Giftschlange nennen kann, weil die Giftschlange eine höflichere Natur ist. Da können Sie mal sehen, von welcher Natur Dona Aurora ist. Also der Acurcio behauptet, als er um die Hand anhielt, da hätte er so ein leises Pfeifen wie vom Curió-Vogel gehört, direkt so am Ohr dran. Das Gewissen hat gewispert: Vorsicht, wenn es so pfeift, könnte es Gildelio sein. Aber da liegt ja die Besonderheit in dieser Lage. Wenn es passiert, dann achtet man ja nicht auf den Pfiff, so daß das Unglück seinen Lauf läuft. Dutzende und Aberdutzende von Malen kann so was gesagt werden, wie im Fall von Genival, ja, genau der, an den Sie denken, der immer diese Pfiffe hört, jedes Mal, wenn er kandidiert, vom Stadtrat bis zum Bürgermeister und Abgeordneten, bis zum Senator – das heißt, wenn er in diese hohen politischen Höhen hinlangt, dann gibt es keinen, der ihn vor der Hölle rettet. Wie im Fall von Totonho, für mich ist er immer noch Totonho, draußen nennen sie ihn Herr Doktor, so ein Schwachsinn, ich werde doch einen Jungen nicht Herr Doktor nennen, wo ich so oft erlebt habe, wie der Vater von ihm einen übers Ohr gehauen hat, also hören Sie. Bei ihm ist das so, daß er heutzutage immer weiter raufkommt, er ist der Herr von hohen Banken und höchsten Fabriken, und Arbeitgeber ist er – er nennt das Arbeitgeber und will nicht, daß man ihn Patron nennt, aus angeborener Schüchternheit –, Arbeitgeber von verschiedenen Leuten, aber er hört eben immer den Pfiff von Gildelio, je mehr Geld er verdient. Von Witwen nimmt er auch Gelder ein, und dann schreibt er das in ein Heft, und dann nimmt die Pfeiferei ganz ungläubig zu. Na ja.

Von Gildelio ist auch die Rede, wenn sich einer aus irgendeinem Grund in einem andern täuscht, und dann erwischt dieser jenige den andern inflacanti, wie der gerade ein Unheil auf ihn losläßt, und das nur, weil dieser Herr Gildelio, wie erzählt wird, die schlimmsten Unverschämtheiten verzapft, und dabei verkleidet er sich frech auf alle möglichen Arten und zeigt die allerfeinsten Manieren. Wenn ihn einer bei so einer Unverschämtheit erwischt, dann hält er folgende Rede:

Glauben Sie mir, mein Herr, auf dieser Welt ist es sehr leicht zu verurteilen, und noch leichter, nichts zu wissen. Verstehen Sie mich, mein Herr, ich bin Teufel, das ist eine Fatalität, aber was kann man da tun? Einer muß Teufel sein, darin sind wir uns einig. Also denken wir einmal nach. Man kann einen nicht wegen seinem Beruf verurteilen, ohne seinen Charakter zu kennen. Wenn ich Engel wäre, nun gut. Aber das bin ich nicht. Also kann ich nur diese Art Dinge, wenn Sie das bitteschön entschuldigen wollen. Ich kann Ihnen versichern, daß Sie, wenn Sie

Teufel wären, sich in derselbigen Lage befänden, firuri-firuri.«

Das ist vielleicht ein Trost, werden Sie sagen, und wirklich, nichts von all dem hätte verhindert, daß das Unheil seinen Lauf lief. Im Gegenteil, ich glaube, das zeigt nämlich grade, daß Gildelio das Beispiel für alle Teufel ist, denn es ist ja wohl hinreichlich bekannt, daß kein Pfeifen und kein Zugsignal den Menschen von seinem Unheil abbringt. Also können wir dieses Pfeifen wie eine Art Hohn ansehen, weil es hier nämlich solcherart ist, daß die Leute es als eine gute Nachricht ansehen, wenn ein Geier von unten mal auf den von oben kackt. So sehen wir das, ganz schwierig. Aber der Herrgott ist groß. Da könnte übrigens eine ganze Horde von Pfeifern ankommen, das würde nichts ändern, denn seit diese Welt eine Welt ist, gibt es nämlich Pfeifer, ohne daß man ihnen groß Aufmerksamkeit schenkt, höchstens mal der eine oder andere Maestro, um einem von denen Bescheid zu sagen, daß sein C-Dur nach b-Moll abgerutscht ist.

Ich weiß nichts, ich bin ja nicht mal von hier, und selbst wenn ich von hier wär, wäre ich nicht hier, und selbst wenn ich hier wär, dann würde ich nichts sagen. Jetzt verwickel ich mich mit Paradeochsen, daran sind Sie schuld, weil Sie mir Alkohol gegeben haben. Ich weiß nur, daß dieser Teufel meinem Gevatter Tito Procopio das Leben so verquält hat, der hat nämlich mehr Kinder gemacht, als sein Gewissen das erlauben sollte, trotzdem er dies Pfeifen immer gehört hat, denn Tito Procopio hat immer gesagt, Kinder wären der Reichtum der Armen, und diese Überzeugtheit, die hat ihm der erwähnte Gildelio eingehaucht. Gildelio, der den Freund der Familie spielte, hat das so ganz hintenrum bewiesen, daß keine Kinder haben viel schlimmer wär. Außer, daß es ein Fluch ist, wär das auch ein Beweis für einen leeren Sack oder eine taube Nuß, das ist ja auch wichtig, nicht wahr – also ich meine: könnte ja sein, womöglich manchmal ja, manchmal auch nicht, ich bin kein Kommunist –, und vielleicht könnten sie auch mit weniger Händen für die Landwirtschaft nicht mehr auf dem Land bleiben, das nicht ihrs war. Wenn man das bedenkt, nicht wahr, es ist ja gleich, ob man geboren wird oder nicht, mehr zu essen für mehr Münder gibt es eh nicht, aber mehr Hände für mehr Ertrag vielleicht. Und so weiter alles. Und dann das Pfeifen. Also hatte Tito Procopio immer weiter Kinder, zusammen mit all den Ausgaben für verschiedene Beerdigungen, obwohl er viele Kinder gemacht hat, die bei ihm lebten und ihr Stückchen Erde gegessen, sich über ihre kleinen Wasserbäuche gestrichen haben, und vielleicht werden ja mal zwei oder drei von denen, die überleben, kräftige Landarbeiter, nicht wahr?

Das Ende war natürlich, daß Tito Procopio den Gildelio entlarvt hat und sich dran machte, den Teufel zu blamieren, als der anfing, er hätte doch keine Schuld, wo er doch Teufel wär. Aber ich, ausgerechnet ich, sagte Tito Procopio, wo ich arm bin und nichts auf dieser Welt habe? Könnten Euer Zellenz vielleicht nicht denen die Hölle heiß machen, die andere ausbeuten und bekriegen?

Eben drum, sagte der Teufel Gildelio, schaute die kränklichen Kinder mit seinen bösen Augen an und lächelte so ganz gräßlich, wie nur der Teufel lächeln kann, das grausligste Lächeln von der Welt. Und er lächelt, weil er weiß, daß er nichts Schlimmeres anzetteln kann, als Geburten befördern. Hier jedenfalls.

Der heimtückische Stier

Wir haben hier einen Stier, der hört auf den Namen Morris, in Erinnerung an den Amerikaner, und auch eine Ziege, mit Namen Dorothy, so hieß die Frau vom Amerikaner. Der erste Schreck war übrigens wegen der Frau von diesem Amerikaner, als der nämlich zum ersten Mal hier war, um ein Haus zu mieten und mit dem Bürgermeister zu reden und so, da kam er mit einer Frau. Als er wiederkam, kam er mit zwei Frauen, eine hätte seine Schwester oder seine Freundin oder Verwandte sein können, nur daß sie alle in einem Zimmer schliefen. Dann ging eine von den beiden weg, und er hat diese Dorothy behalten, keiner wußte, ob sie wirklich seine Frau war, obwohl es heißt, daß die Amerikaner die Frauen wechseln wie das Hemd. Die gehen wieder zum Pfarrer, heiraten noch mal, und so geht das immer weiter. Unsere Pfarrer hier sind dafür nicht zu haben. Das ist die Rückständigkeit.

Der Beweis, daß die Amerikaner sehr fortschrittlich sind, ist ja, daß sie Morris hergeschickt haben, weil er mit Sicherheit überall sonst zu nichts zu gebrauchen war. Also schicken die Amerikaner Morris zu uns, weil sie glauben, hier sind alle dämlich, und unter den Dämlichen ist ein Halbdämlicher König und kann es bis zum Senator bringen, nur war Morris viel dämlicher als Dämel Jorge, und Dämel Jorge hat ja diesen Beinamen Dämel, weil er der Dämlichste unter den Dämlichsten ist, da können Sie mal sehen, wie dämlich erst dieser Ami war. Bis auf die Sache mit der Heimtücke, aber über die Sache mit der Heimtücke, da laß ich manchmal noch mit mir drüber reden, aber nur manchmal, nicht oft, nein, wenn ichs mir recht überlege, eigentlich kaum, nein –, das ist meine Meinung, und ich bin nicht gebildet, aber ich bin auch nicht schlechter als so einer mit Diplom. Und vielleicht haben die sogar die Frau von Morris so oft ausgetauscht, bis sie mit Dorothy die Richtige hatten, weil, wenn jeder Pott seinen Dekkel findet, dann war das bei dem Paar so. Übrigens hatte Morris im Haus eine Schürze an, jedenfalls wurde er ein paarmal damit gesehen, und deshalb haben sich hier viele gefragt, ob er nicht vielleicht gewisse Neigungen hatte, es war jedenfalls nicht sicher, denn um die Wahrheit zu sagen, hat er sich hier nie an einen rangemacht. Hamateles Papadepeles – oder dann eben Papaleles Hamameles, wer kann das wissen? –, der Grieche, der über dem Kaufmann wohnte, der Frau und Kind hatte, manchmal kriegte der einen Rappel, und dann zog er die Sachen von Fredona an, was seine Frau war, und jeder wußte, daß er dann ranging, wenn er einen fand. Die Leute reden ja über so was alles, die Leute klatschen hier viel.

Aber Dorothy, die schien wie gemacht für Morris oder Morris für sie, eigentlich mehr so rum, wenn ich es mir recht überlege. So ungefähr jedenfalls. Mit Amerikanern ist nicht zu scherzen, denn die Amerikaner wissen wirklich alles, diese verdammten Kerle. Übrigens ein höher stehendes Volk, wie Sie wissen. Sie hatte die Schürze auch an, das sei gerechtigkeitshalber gesagt. Merinha sagt, sie trug die Schürze montags, mittwochs und freitags, und er dienstags, donnerstags und samstags. Sonntags wechselten sie sich ab. Also, wenn Morris nun auch nur jeden zweiten Tag ein Mann war, dann will ich nichts gesagt haben. Dorothy steht also in der Küche und kocht so was Amerikanisches, was hier keiner runterkriegen würde, auch wenn er noch soviel Hunger hätte, als Morris reinkommt und die Tür zuschlägt, und Dorothy sagt, wenn er die Tür zuschlägt, dann würde dies widerliche Ding, das sie grade in den Ofen schieben wollte, zusammenfallen, weil es nämlich richtig aufgegangen sein muß, und dann schmeckt es ungefähr wie Scheiße, kann sich aber nur der eine Vorstellung von machen, der das selbst probiert hat. Und Dorothy immer weiter, weil er die Tür zugeschlagen hat, hat er gezeigt, daß er wollte, daß ihr Ding da zusammenfällt. Und da macht doch Senhor Morris zu Dorothy hin so ein übles Zeichen mit dem Arm, das hatte er grade vor kurzem gelernt, aber Dorothy kannte das schon längst und fand das gar nicht gut. Und dann legte er auf amerikanisch los, weil er dies und weil er das, bla bla bla, und Merinha schaut nur zu, und Dorothy brüllt Morris an, das konnte man die ganze Straße rauf und runter hören, also wenn an Dorothy nämlich was kräftig war, dann war das ihre Stimme, die war so, daß den Kühen vor Schreck die Milch sauer wurde. Und da macht Morris, keiner weiß eigentlich warum, noch mal dieses Zeichen, weiß der Himmel, was er sich dabei gedacht hat. Na, und da hat Dorothy alles, was in ihrer Reichweite war, Morris ins Gesicht geschmissen, und Merinha sagt, sie hat die Nachbarn nur nicht um Hilfe gerufen, weil Dorothy ein Gesicht gemacht hat, als wollte sie Morris das Fell gerben und ihrs, nämlich Merinhas, gleich hinterher. Merinha sagt, da ist sie gleich in

Deckung gegangen, und dann gings nur noch, »immer auf ihn, Dona Doti«, und »immer gib ihm, diesem schwulen Sack« – und so was alles, Merinha kennt sich da sehr gut aus. Als alles vorbei war, wollte Morris sich Merinha greifen, aber da hat sie gesagt, wenn er sie anfaßt, dann würde sie Dona Doti sagen, daß er sie in die Brust gekniffen hat, also in ihre, Merinhas – ja, und dabei blieb es denn auch.

Man kann sagen, daß Morris und Dorothy zum ersten Mal bewiesen haben, wie fortschrittlich die Amerikaner sind, die sie hergeschickt haben, als sie den Verwalter von der Fazenda Boa Flor besuchten, denn, um es vorweg zu sagen, sie hatten schon mit dem Besitzer gesprochen, und niemand hatte es für nötig gehalten, mit dem Verwalter zu reden. Also, Morris ging mit Dorothy zu ihm und hatte Blumen für die Frau von Roque, dem Verwalter, dabei, und Roques Frau hielt den ganzen Abend über diese Blumen fest, weil die Amerikanerin sie ihr immer wegnehmen wollte, um sie in den Trinkwasserkrug zu stellen, und da dachte sie, die Amerikanerin denkt, daß ihr die Blumen nicht gefallen, und außerdem würde sie auch noch das Wasser im Krug verderben. Also wirklich, nur ein Amerikaner kommt auf die Idee, so ein beschissenes Geschenk wie Blumen mitzubringen. Na, und jetzt war Roque schon am Explodieren, weil er nämlich nicht wußte, was der Amerikaner trank, und da mußte er zum Kaufmann gehen und eine Flasche Wermut kaufen, die war gerade gut, damit seine Schwiegermutter sich vollaufen lassen konnte, ganz beduselt war die und wankte durchs ganze Haus, also so was von peinlich. Als Morris hinkam und Roque ihm nun den Rest Wermut anbot, den die Schwiegermutter noch übrig gelassen hatte, da sagt doch dieser Ami, dieser unverschämte Kerl, er trinkt nicht und was weiß ich noch – keiner kann mir weismachen, daß der normal war. Und da mußten sie ihm einen Kaffee bringen, und außer daß der sauteuer war, wußte der Amerikaner nicht, daß das Kaffee war, und sie hatten nur zwei kleine Tassen, und die Kinder fingen an zu schreien, daß sie auch Kaffee wollten, und da war die Kacke am Dampfen.

Da saß nun dieser Morris und erklärte Roque die ganze Zeit, was er machen würde, und dabei stotterte er, das war angeboren, und jetzt erst recht, weil er brasilianisch sprach, und Brasilianisch, das weiß jeder, das ist eine Sprache, die geht über die Backen, wo doch Amerikanisch hinten im Hals sitzt, deshalb ist es so schwer. Daß Morris und Dorothy vom Pießkor wären und daß sie von ihrem Land die Hand der Freundschaft ausstrecken wollten und daß sie da wären, um zu helfen und alles so was, nur daß Roque ihnen das nicht abgenommen hat, ich weiß nicht, wieso, ob er gleich gesehen hat, was für ein Hornochse Morris war, oder ob er schon wußte, was das heißt, »ich bin gekommen, um zu helfen«, weil das immer nur Krach gibt. Roque schläft schon fast ein, und dann muß er die Kinder beruhigen, und seine Frau sitzt da wie angegossen und hält noch immer die Blumen fest, aber der Ami redet und redet. Und da ertappt doch Dorothy Roque, wie er eingenickt ist und fast vom Stuhl rutscht, und sie sagt, es wär Zeit, und sie würden jetzt gehen. Roque grinst breit und sagt: Es ist noch früh. Und so ging das die ganze Nacht. Der Ami sagt, er würde jetzt gehen, und Roque sagt, es wär noch früh, und der Ami setzt sich wieder hin und konnte vor Müdigkeit kaum noch, und dann ging es wieder von vorn los, das Gerede, daß er als Freund gekommen ist, und das Pießkor und hilf dir selbst und all dieser Blödsinn. Und Roque, der hätte am liebsten zu ihm gesagt, er soll sich doch seine Freundschaft in den Hintern stecken, ehe ihm der Kragen platzte. Und dann, als schließlich alle schon fast eingeschlafen waren und welche schnarchten schon und hatten den Kopf unter die Flügel gesteckt, da sagte Morris, jetzt würde er sich auf die Socken machen, und da machte Roque mit Mühe die Augen auf: Sie gehen schon? Es ist noch früh. Der Ami machte ein ganz trauriges Gesicht, und dann setzte er sich doch wieder hin, und so blieben sie sitzen, bis Roque, oder war es der Ami, einer von beiden jedenfalls, richtig einschlief, und da sind sie dann losgezogen, und Roque wußte nicht, und niemand wußte das damals, daß man in Amerika nicht sagt, es ist noch früh, na, die müssen aber ganz schön unhöflich sein in ihrem Land da. Aber die ganze Zeit, wie sie diesen Zirkus aufgeführt haben, hat Roques Frau die Blumen nicht losgelassen.

Die Arbeit auf der Fazenda fing sehr gut an, Morris nahm ein paar Zeichnungen von Stieren und Kühen mit und rief die Leute alle auf der Veranda zusammen und wollte ihnen klarmachen, was Sache ist. Die meisten glaubten, daß er erklärte, was eine Kuh ist. Seine war aber eine Kuh mit einem riesengroßen Euter, das sah aus wie ein halbes Fäßchen.

»Kann ja sein, daß die andere Kühe haben«, sagte Zerivaldo, »bestimmt, mit dem Euter, sieht aus wie ein Traktorreifen«, antwortete Arnaldo. Na, also hin und her, ein paar vertraten die Meinung, daß seine Kuh eine Zeichnung aus einem Trickfilm wär, andere glaubten nicht, daß es überhaupt Filme gibt, und da standen sie alle und hörten Morris zu, wie er über die Kuh redete und noch all das andere. Er sagte, daß wir zu dem Tier eine Beziehung finden müssen, und da dachten welche, er sagt was Unanständiges, aber man war da nicht so sicher. Ich weiß auch nicht, ob überhaupt einer seinem Rat gefolgt ist. Und dann sagte er, alle sollten sich im Kreis hinsetzen, auch so was völlig Bekloopptes, aber alle haben sich hingesetzt, und die meisten sind dann eingenickt, wenn einer langweilig daherquatschte, dann war das dieser Morris. Er erklärte dies – Hilf dir selbst – ziemlich ausführlich, und dann noch, wie sie alle einem Komitee angehören sollten, einem von den vielen Komitees, die es von jetzt ab geben sollte. Und genau zu dieser Zeit wurde Claudio Martelo Präsident vom Komitee für Wohnungsbau, Unterkunft und Arbeitsbedingungen, also, wenn Claudio Martelo bei Verstand gewesen wär, hätte er das nie angenommen, aber alle wissen bis zum Überfluß, daß Claudio Martelo nicht bei Verstand ist. Egal, wo der ist, es ist ja bekannt, daß es einen Ort gab, der hieß Cuba oder so, weil, als er nämlich aus dem Komitee entlassen wurde – das ganze Komitee haben sie übrigens entlassen und all die anderen Komitees, die sie gefunden und erfunden hatten, und diese Sache mit den Komitees, da haben sie vielleicht aufgeräumt, und wer noch von Komitees redete, der riskierte ja Kopf und Kragen –, Doktor Ribeiro und Chico Matos, die sagten, er hätte Befehle aus Cuba gekriegt, und, na ja, entweder kenne ich Claudio

Martelo nicht richtig oder er ist bis heute immer noch hinter diesem Cuba her und will wissen, wie die restlichen Befehle lauten.

Also da kam raus, daß Morris so eine Art Protestant war, aber ein Protestant, der niemand belästigte, und keiner, der sang, Pater Lourenço, also der fand das gar nicht gut, weil Morris aus so einem kleinen Buch, was er hatte, vorlas, wenn Besuch kam, und in diesem Buch stehen eine Reihe von Geschichten, und wo es in der Präfektur kein Kino gibt, da haben wir eben die Geschichten von Morris. Übrigens erzählte Dorothy diese Geschichten, weil Morris so nuschelte, und die Zuhörer machte das ein bißchen ungeduldig. Pater Lourenço gefiel das überhaupt nicht, und jeder weiß, wenn Pater Lourenço was gegen einen hat, dann sollte dieser jenige sich wirklich so schnell wie möglich eine andere Gemeinde suchen, weil Pater Lourenço nämlich einer ist, der wütend werden kann, und dann ist es schwierig, mit ihm auszukommen, wenn er sich über was ärgert. Ja, und als Claudio Martelo beim Pater auftauchte und eine Unterschrift haben wollte für eine Unterschriftensammlung gegen die Barbeiro-Käfer, auch als Wanzenkäfer bekannt, die gibts nämlich reichlich in unserer Gegend, da wurde der Pater ziemlich böse, denn Unterschriftensammlungen, da wäre nur er zuständig, und deshalb gab es ja auch niemals eine Unterschriftensammlung bei uns in der Stadt. Der Pater hat sich furchtbar aufgeregt, also man kann sagen, er war richtig stinksauer, wenn man das von einem Pater sagen kann. Und da hat er dem Morris das Leben schwer gemacht danach. Und der Pater hat noch gesagt, daß es hier den Barbeiro-

Käfer zwar gibt, aber daß nur zwei Prozent davon die Chagas-Krankheit übertragen und daß man ihn doch anschauen sollte, wie kräftig und gut er beinander wär und wie lange er schon in der Gegend gelebt hätte, mal hier, mal da, überall dasselbe. Da hätte ja einer was sagen können, daß der immer in einem Pfarrhaus gewohnt hat, aber wenn der Pfarrer redete, dann war es nicht gut, noch was dazu zu sagen, also sagte auch keiner was. Als sie ihn fragten, wieviel denn zwei Prozent Chagas-Kranke wär, da hat der Pater mit den Fingern gezeigt, eins – zwei, und gesagt, zwei Prozent. Und mehr hat er nicht gesagt, und mehr wurde er auch nicht gefragt, weil eben Pater Lourenço ziemlich böse wird, wenn man eine Frage wiederholt, und außerdem – Gott verzeih mir – wissen wir ja alle, daß im Haus vom Pater alle Wände verputzt sind, da können sich die Barbeiros gar nicht festsetzen, und daß er jeden Tag Insektenspray verbraucht.

Na, und von da zur Heimtücke wars dann nicht mehr weit, die Zeit der Spioniererei ging vorbei, die war nur kurz, weil nämlich niemand glaubte, daß Dorothy und Morris, auch wenn sie noch so spionierten, die ganze Zeit den Staudamm ausspionierten, denn Sie wissen ja genau, daß es da nichts zu spionieren gibt, nicht für fünf Minuten, noch viel weniger für ein Jahr und mehr, wie Morris das tun sollte, wir lassen uns ja nicht einfach für dumm verkaufen, so blöd sind wir auch wieder nicht. Und nur wenige Leute haben gesehen, wie Morris und Dorothy den Staudamm beobachtet haben, ich habe selber nur gesehen, wie Morris sich da rübergelehnt hat, am Johannistag, als die am Staudamm das Johannisfeuer gemacht haben, aber er hatte sich schon so mit Likör aus Jenipapo vollaufen lassen, er hatte gedacht, das wär ein Saft, und dann hat er alles an die Fische weitergegeben. Jedenfalls fingen bald die Heimtücken an, und alles kam, wie folgt zusammengefaßt. Erstens, Claudio Martelo taucht mit noch einer Unterschriftensammlung beim Pater auf. Der Pater geht die Wände hoch und sagt, Claudio wär ein gefährlicher Kommunist. Claudio ist ganz entsetzt und geht zu Morris, der ihm diese Sachen in den Kopf gesetzt hat (erste Heimtücke, wie sich rausstellen wird), und fragt ihn, was denn ein gefährlicher Kommunist ist. Morris sagt, das ist Unsinn, und daß Claudio kein Kommunist ist. Nun war Claudio so schlau wie vorher. Zweitens: Der Pater machte Morris in seiner Predigt zur Schnecke, und wie wir das alle sehen, hat er nicht mal den Teufel bisher so zur Schnecke gemacht – und wie er den Teufel schon zur Schnecke gemacht hat! Jetzt wollte Morris den Pater zur Schnecke machen, aber das ist ihm schlecht bekommen, denn all die frommen Betschwestern, die fanden das gar nicht gut, erst recht nicht, weil er Amerikaner war. Drittens: Der Pater holte sich Hilfe bei Doktor Ribeiro und Chico Matos und ein paar anderen, die diese Sache mit den Komitees alle nicht mehr so gut fanden und noch andere gewagte Sachen, die daher kamen, und dann ging er zum Wachtmeister, um die Heimtücke zu schildern und daß Morris der Heimtückische ist. Und der Wachtmeister sagte, wenn Morris von der amerikanischen Regierung geschickt worden war, dann konnte er doch kein Kommunist sein, der Pater nannte den Wachtmeister einen Dummkopf und bewies ihm, daß das, was auf der Welt überhaupt am meisten rumläuft, amerikanische Kommunisten sind.

Dieses Wort heimtückisch fanden alle sehr gut, so daß es richtig Mode wurde, daß jeder noch eine Heimtücke mehr als der andere entdeckte. Ich selber kenne nicht viele, aber ein paar, die der Pater persönlich von sich gegeben hat. Daß Senhor Morris zu Hause eine Schürze anhat und daß das unnatürlich ist. Daß er im Bett Schuhe trägt. Daß er Komitees für dies und Komitees für das einrichtet. Daß alle wissen, daß er seine Frau ausgetauscht hat und daß seine Frau ihre Schenkel sehen läßt und ihm das gar nichts ausmacht. Und dann gibt es welche, die behaupten, er wär von der anderen Seite. Und so weiter: ist die Heimtücke erst mal bewiesen, ist der reine Kommunismus bewiesen. Tatsache ist, daß der Wachtmeister mit der Liste der Heimtücken ein Telegramm in die Hauptstadt geschickt hat und zu Morris gesagt hat, er soll sich nicht vom Fleck rühren und aufhören mit dem Komittieren und Unterschriftensammeln (in der Zwischenzeit ist Claudio Martelo wie verrückt hinter Cuba her, wenn er Cuba nicht schon erreicht hat), und daß er gefälligst mit seiner Frau in seinen vier Wänden bleiben soll, wo so ein unverschämter Kommunist hingehört. Da steht Claudio Martelo aber besser da, finde ich, denn wie ich das sehe, ist es besser, man ist gefährlich als unverschämt. Es gab viele Diskussionen um diese Sache, aber das Wichtigste ist, daß die Manie mit den Heimtücken mehr einschlug, als der Pater sich das am Anfang gedacht hatte, denn die Leute sind zum Wachtmeister und haben gesagt, daß der Soundso oder der Dingsda heimtückisch ist, wenn sie wollten, daß der Soundso oder der Dingsda wegen irgendeinem Grund hinter Gitter sollte, auch wenns eine Liebesgeschichte war, Sie wissen schon, wie diese Leute im Hinterland sind, die sind ja so mißgünstig. Der Pater mußte eine Predigt halten und ein für allemal klarmachen, daß sie ihm diese Sache überlassen sollten, daß Heimtücke nicht irgendwas war, womit jeder einfach fertig wird, ohne sich jahrelang darauf vorzubereiten, denn dazu braucht man viel Latein, und sie sollten endlich aufhören, ihm auf den Sack zu gehen, und diese Sticheleien lassen. Jedenfalls wußten jetzt alle ganz sicher, daß ein Komitee der gerade Weg zur Heimtücke ist, und da sind sie alle von den Komitees weggeblieben. Von den Komitees und den anderen Sachen, die Morris ihnen beigebracht hatte, auch von den Versammlungen im Kreis. Über Morris ist zu sagen, daß keiner gegen ihn angegangen ist, eher im Gegenteil, aber die Wahrheit ist, daß er bloß noch ganz wenig Besuch bekam, also, soviel ich weiß, kriegte er überhaupt keinen Besuch mehr, weil der Wachtmeister den Leuten nachspionieren ließ, und ein Wachtmeister ist ein Wachtmeister, man kann nie wissen, aus welcher Ecke einen plötzlich eine Heimtücke trifft. Ja, und dann ist noch zu sagen, daß die Leute von da ab mit dem, was sie sagten, vorsichtiger waren, und es wurde mehr geflüstert, ich weiß nicht, ob mir das nur so vorkommt. Ich weiß auch nicht, ob das nur so ein heimtückischer Eindruck ist, jedenfalls will ich nichts gesagt haben.

Man kann eigentlich nicht sagen, daß sie Morris verhaftet haben, denn wir wissen ja, daß man einen

Amerikaner nicht einfach so festnehmen kann, ein Amerikaner ist schließlich nicht irgendwer. Also, als sie dann ankamen, einfach für alle Fälle, keiner von uns ist Amerikaner, sind wir lieber hingegangen, um mit ihnen zu reden. Die waren vielleicht schlau, man merkte, daß die ganz fabelhaft trainiert waren, wie man einen festnimmt, ohne daß der Kerl das überhaupt merkt, also wie wenn jemand unter Ihrem Dach wohnt, der bändelt mit Ihrer Schwester an, und plötzlich, schwuppdiwupp, sind Sie verhaftet, Heimtückischer, Sie! Jetzt wissen wir aber Bescheid. Wir kamen also dort an, und einer rief mit der Hand als Trichter vor dem Mund, daß eine Abordnung von uns da wäre und sich mit dem hohen Chef von der gesamten Polizei unterhalten wollte. Hielt sich doch dieser Chef da drin auf, sicher kommandierte der gerade weitere Kämpfe gegen die Heimtücken und war am Lösen von anderen entscheidenden Problemen. Ohne große Umschweife sagte ich hastig, daß es sich nicht um eine Abordnung handelte, denn so einfach sollte er uns nicht alle bei einer Heimtücke erwischen, und dann noch einer so faustdicken, schlau und auf der Hut mußten wir sein. Niemand vergißt, daß wir Bürger der Republik sind, aber es schadet ja nichts, wenn man sich näherkommt, das haben schon die Alten gesagt. Aber sie haben ungefähr dasselbe wie der Pater gesagt, daß wir alle ruhig bleiben sollten, daß Morris und Dorothy weggehen würden, daß sie sich hier nicht gut eingewöhnt hätten, daß das Klima nicht gut wäre für ihre Nase und daß sie nicht sehr beliebt wären. Wir sind alle einigermaßen beruhigt weggegangen, die meisten dachten, wie schlau doch die Amis sind, daß sie die Kommunisten einfach herschicken, damit die ihre Heimtücken verzapfen, deshalb gibt es so viele, die keine Amis mögen. Also wir leben hier in bestem Frieden, und wir haben gemerkt, daß der Pater recht hatte: die Barbeiro-Käfer befallen nur zwei Prozent. Zwei Prozent. Nächste Woche kommt ein Trupp, eine Art Mückentöter, die gehen durch die Häuser. Und Trockenmilch ist auch angekommen, aber davon kriegt man Durchfall. An Morris und Dorothy denken wir nicht mehr viel zurück, einfach auch, weil, wenn ich den Stier Morris auf der Weide sehe, dann rufe ich rüber zu ihm: »Kommunist!« Und der Unverschämte, heimtückisch wie er ist, hebt den Kopf und schaut rüber. Was das wohl bedeutet?

Der Künstler, der herkam, um mit den jungen Mädchen zu tanzen

Es ist nicht so, dass die Leute hier nicht Walzer bei Mondschein mögen, aber die Wahrheit ist eben, daß wir in Sachen Tanz nicht so bewandert sind. Kann ja sein, daß im französischen Klub getanzt wird, den sie jetzt in Amoreiras aufgemacht haben, ein ganz bedeutender und sehr vornehmer Klub ist das, so fein, daß sie keinen von uns reinlassen. Aber ich glaube das nicht, und die Leute sagen, daß es da einfach einen Haufen alte Französinnen gibt, aber keiner weiß das so genau, der Strand ist abgetrennt, die Franzosen sind eben so, was soll man da machen. Nicht, daß jeder Itaparikaner sich mit der Lage abfindet, wie denn auch, bei einem Volk, was schon so viele Leute verjagt hat, und als die Franzosen in Salvador eingefallen sind, da hatten sie nicht mal die Courage, hierher auf die Insel zu kommen, weil sie nämlich schon von den Holländern erfahren hatten, was für ein Volk das hier ist. Aber man sagt, das wär eine großartige Sache, mit der alle viel Geld machen usw., aber diese alle, das müssen all die Franzosen sein, denn von uns hier sieht keiner was von dem Geld, ganz im Gegenteil. Na ja, das ist die Regierung, was hier nämlich in letzter Zeit am meisten zugange war, ist Regierung, die verpassen uns nur eine Vorschrift nach der andern und haben sich noch an das Haus von Zé do Neco gemacht, das haben sie ganz auseinandergenommen, so daß Zé stinkwütend war, aber es hat nichts geholfen. Wir warten nur darauf, daß es verboten wird, am Kai spazierenzufahren, weil sie sogar schon die Hunde von der Insel getötet haben, Strichnin haben sie denen gegeben, ich glaube, weil das für die Touristen, na, und die Touristinnen, nicht angenehm war, wenn sie die Hunde so hecken sehen, himmelherrgott, wenn es ein Volk auf der Welt gibt, das wirklich am meisten rammelt, dann sind das die Franzosen. Man könnte glauben, die Itaparikaner haben nicht mehr den Mumm, den sie in ihrer Heldenzeit hatten – das liegt bestimmt an der vielen Vermischung mit den Bahianos aus Salvador und den Negern von diesen üblen Regionen aus Afrika, denn die von hier, die sind nur aus den besseren Regionen gekommen, das ist bekannt.

Wenn es also früher schon keine Bälle gab, als die ganzen feinen Leute hier auf Sommerfrische waren und die Mädchen in Stöckelschuhen auf das Schiff gewartet haben, wieso sollte es jetzt einen Ball geben. Also Tanzen, das ist bei uns hier und da so eine Rumschieberei, na ja, bei uns ist das eben so, und dann geht es nicht einmal so hoch her wie zur Zeit vom verblichenen Nascimento mit der Klarinette und Almerindo mit dem Trombone, auch verblichen, große Musiker waren das, heutzutage bläst keiner mehr so wie die, beim Wettbewerb von den Philharmonischen, das haben Leute erzählt, die da waren, da hätte die Sonne ein paar Minuten angehalten, um ihre Solos nicht zu verpassen. Nicht zu reden von der Trompete von Pititinga, für einen Künstler wie den war das hier kein Klima, und heute ist er in Salvador, da arbeitet er in den besten Nachtlokalen, da braucht man nur die Nachtschwärmer zu fragen, alle Welt kennt ihn und schätzt ihn. Wenn er Franzose oder aus Rio wär, dann wäre er schon in allen Zeitschriften, bestimmt.

Also, es herrschte große Überraschung bei uns, als angekündigt wurde, es würde einen großartigen Deputantinnenball geben, und daß ein Künstler vom Fernsehen käme, um mit den Deputantinnen zu tanzen, wobei hier auf dem Platz, die Regierung hat ihn Historisches Zentrum getauft, aber die Leute hier sagen einfach alle Platz dazu, wobei auf dem Platz heftig diskutiert wurde, was denn Deputantinnen wären. Die meisten dachten, es wären die Töchter von den Deputierten, obwohl es keinen einzigen itaparikanischen Deputierten und kaum einen Stadtrat von hier gibt, so daß Doktor Bertinho Borba sein Dominospiel unterbrechen und das erklären mußte, sogar mit Französisch, weil Doktor Bertinho alles spricht, was gerade auftaucht, sogar Nagô spricht er. Also, Debütantin heißt das, die Mädchen von der Stadt ziehen hübsche Ballkleider an und laden diesen berühmten Künstler von der Telenovela für das Fest ein, man stelle sich das vor. Doktor Bertinho erklärt aber noch, daß der berühmte Künstler eine bestimmte Summe Geld verlangt, um hier mit den Mädchen zu tanzen, und als Doktor Bertinho so ungefähr sagt, wieviel das ist, da sind alle Anwesenden vor Schreck völlig von den Socken. Mit diesem Geld könnte hier jeder gleich das Fort São Lourenço von der Marine kaufen, mit Kanone und allem, oder an die zwanzig Häuser oben in Santo Antônio und ein Leben lang von der Renndiete leben. Aber Doktor Bertinho sagt, das wär sogar billig für diesen Künstler, und daß er diesen Preis gemacht hat, weil er wußte, es wären alles arme Mädchen aus dem Hinterland, aber für diesen Preis würde er nicht einmal in der Stadt übernachten, sondern gleich zurückfahren, nachdem er mit der letzten von den zweiundvierzig Mädchen getanzt hat.

Diese Unterhaltung warf viele Fragen auf, weil, da konnte man noch so zählen, man kam nicht einmal auf zwölf Debütantinnen auf der ganzen Insel, geschweige denn zweiundvierzig, nur wenn die Alten auch debütieren wollen, um das auszunutzen und mit dem Künstler zu tanzen. Und außerdem, selbst wenn man alle hier auf einen Haufen tun und auswringen wollte, würde man keinen müden Cruzeiro aus ihnen rausholen, um den Künstler zu bezahlen, da sollten wir uns nichts vormachen. An dem Tag, wo Krebse und Schneckenmuscheln und Sambaqui-Muscheln Geld bedeuten, da haben wir Geld, aber im Augenblick haben wir nur die Krebse, und dabei haben die Abwässer schon viele getötet. Und wenn man von den Geschäftsleuten was holen wollte, da würde man aber sehen, was passierte, weil die nämlich selber auf das Geld der Leute hier angewiesen sind, und da wär man genau bei den Richtigen gelandet. Da polterte aber Walter los, er wollte eine Konzession holen und Getränke auf dem Ball verkaufen, zu einem horrenden Preis die Flasche. Orlando legte auch los und schimpfte auf die Genossenschaft mit ihren Billigpreisen, auf die Regierung, auf die Bahianische Schiffahrtsgesellschaft und auf die Mütter von allen Hurensöhnen, denen das nicht paßte. Joaquim vom Laden wollte der schönsten Debütantin eine Schachtel Seife schenken. Und was wir noch haben, sind die Fischverkäufer vom Markt, die Bar, die Waldemar und den Portugiesen vom Badeort gehört, das heißt, alles zusammengenommen einen feuchten Dreck wert.

Aber Doktor Bertinho, der jetzt mehr als angeregt war, weil er im Domino gewonnen hatte und von ein paar Schnäpsen beim Spielen, zeigte, was der Itaparikaner wert ist, in diesem Fall mehr die Itaparikanerin, weil, wenn Ana Nery und Maria Quitéria nicht Itaparikanerinnen waren, war es aber Maria Felipa, und wenn einer noch so viele heroische Frauen von woanders aufzählt, dann komme ich mit Maria Felipa, die stelle ich über alle. Übrigens möchte ich ja nichts von Maria Felipa erzählen, weil ich die Frauen von woanders nicht herabsetzen will, aber da sieht man mal den Unterschied: Joana Angelica stellte sich den Portugiesen am Kloster entgegen, und die Portugiesen haben sie mit Bajonetten durchbohrt. Maria Felipa nicht. Wenn es Maria Felipa gewesen wäre, dann hätte sie um sich geschlagen, die war unermüdlich und hat es den Portugiesen furchtbar gegeben, als die hier waren und alle unterdrückten, also die wäre nicht von Bajonetten durchbohrt worden, schon gar nicht von portugiesischen. Es geht um Edelsuíta, bekannt als Desinha, ein Mädchen hier von der Insel, die ist die Jüngste von sieben Geschwistern und ist vielleicht nicht hübsch, aber sonst hat sie alles. Sie hat die Abschlußrede von ihrer Schulklasse gehalten. Sie hilft der Mutter und macht dem Vater keinen Ärger und keine Schande. Sie ist bekannt als ein verständiges Mädchen und nicht eine von denen, die man immer nur auf dem Bulevar herumhängen und Bananen essen sieht. Sie war immer ein sehr intelligentes Mädchen. Als sie während der Sendung beim Radio Club angerufen hat, da hat der

Mann vom Radio über fünf Minuten mit ihr geredet und gesagt, wegen ihrer Intelligenz dürfte sie sich drei Lieder aussuchen statt einem. Sie kann Carioca reden, also fabelhaft, wenn die Cariocas im Sommer hier sind und sich mit ihr unterhalten, denken sie alle, sie hätte zumindest schon in Rio de Janeiro gelebt, da war sie noch nie, aber sie kennt alle Straßen, vor allem die Adressen von den Künstlern. Ihre Hefte, die hat ihre Mutter alle aufgehoben, mit Abziehbildern, so was Hübsches, wirklich eine Lust, wenn man das sieht. In Erdkunde sagt sie nicht eine Hauptstadt falsch, egal, wo die liegt, Desinha weiß es. Und wenn sie kocht, sagt die Mutter, besser als sie selbst, vor allem Fischgerichte. Und was noch alles, ein Mädchen, auf das man stolz sein kann in der heutigen Zeit, wo wir fast nur noch diese Schlampen haben, sogar Deodorant für die Möse gibt es heutzutage, die haben nichts anderes im Kopf.

Doktor Bertinho hat erzählt, daß dieser Künstler, wenn Desinha, also da wär er sicher, daß, wenn er Desinha kennenlernte, dann müßte er einfach von ihr eingenommen sein, gerade weil er in der Telenovela ja immer nach einem anständigen Mädchen Ausschau hält, die was zu bieten hat, und daß er keine findet, weil das in Rio sehr schwer ist, wo die Frauen sich dort nur zur Schau stellen und sich in den Bars herumtreiben. Na, und da ist sie aktiv geworden und hat das Ganze organisiert, nämlich ihr Vater, der ist pensioniert von der Bahianischen Schifffahrtsgesellschaft und hat eine Art Neffen, der dort arbeitet, der hat dafür gesorgt, daß ein Schiff die Leute drüben aus Peri-Peri von Bahia herbringt. Die Leute von Peri-Peri, das war, weil Itaparica kein

Geld hatte, um den Künstler zu bezahlen, und der Club von Peri-Peri wurde gerade renoviert, infolgendermaßen haben sie die beiden Feste für die Debütantinnen hier im Yacht Club zusammengelegt, wo heute ein Spielkasino ist, wie es heißt, aber der Klub macht für solche Gelegenheiten noch auf, um das zu vertuschen. Itaparica ist also mit dem Yacht Club und dem Schiff dabei, Peri-Peri mit den übrigen Debütantinnen, dem Künstler und noch ein paar anderen Sachen. Infolgendermaßen haben wir einen vollständigen Ball, mit der Hilfe von Ronaldo Roland, von einer Rundfunkstation aus Salvador, heute heißt der Ronaldo Roland, aber hier war er Feliciano do Alto, und der hat es weit gebracht im Leben, der kommt nur im Auto her.

Die Aufregung bei uns auf der Insel war groß, als man erfuhr, daß dieser Künstler kommen sollte. Richtig, es gibt immer welche wie Josélio Capataz, der gesagt hat, der Mann wär andersrum, aber das weiß ja jeder, daß fast alle Künstler aus der Novela so sind oder waren oder sein werden, infolgendermaßen hat das niemand beachtet, sonst könnten wir ja gleich Sapoti von uns hier nehmen, der ist schwul, aber der macht mehr her als viele andere, die sonst da draußen rumlaufen, wir brauchen keine Schwulen von auswärts, die sind auch nicht besser als unsere eigenen, wir haben schon viele erlebt. Das Hauptproblem war also nicht diese Schwulität, wo wir nichts mit den Schwänzen aus dem Süden des Landes zu tun haben, jetzt nicht und in Zukunft nicht, sondern das mit der Kleidung für die Debütantinnen von der Insel, weil die meisten Familien sich das nicht leisten können. Aber damit müssen die

Itaparikaner auch sonst fertig werden, infolgendermaßen sie also ans Sparbuch gehen und Kuchen von Tür zu Tür verkaufen und überall eine Anleihe aufnehmen, und am Tag vom Ball, da konnte keiner sagen, Itaparica wäre nicht gut vertreten. Ohne Peri-Peri schlechtmachen zu wollen. Die Insel wurde vertreten von sieben Mädchen, aus Peri-Peri waren es fünfunddreißig. Aber die Schönheit der Itaparikanerinnen überstrahlte alles, und wer Desinha sah, der hätte sie kaum wiedererkannt, sie hatte nämlich die Brille abgenommen und trug ein Kleid mit einem hübschen Ausschnitt, zeigte zwei wohlgeformte Rundungen, was man heute nicht mehr so wichtig findet, aber es unterstreicht die Schönheit einer Frau. Keiner hat auch nur das Geringste verpaßt, weil von früh an alle auf der Mauer vom Yacht Club hingen, und welche behaupteten, da wären sogar Blätter von den Bäumen gerissen worden, damit man besser sehen konnte, aber das ist eine Falschmeldung.

Das ganze Volk von Peri-Peri kam, und der Ball begann sehr schick, aber der Künstler war zur vereinbarten Zeit noch nicht da. Dann kam er in einem großen Auto direkt von der Landestelle vom Ferriboot, und vor ihm stiegen zwei Leute aus, genauso angezogen wie er, infolgendermaßen das Volk dachte, er wär einer von den beiden, aber weit gefehlt. Als die Leute die beiden umringten, um sie aus der Nähe zu sehen, entwischte er schnell in den Club, und dann erfuhr man, daß er den Maestro umarmt hätte, und den umarmte er ausführlich, aber nicht aus alter Freundschaft, sondern, weil er ihn bat, er sollte jeden Tanz weniger als zwei Minuten dauern lassen, weil er schon spät dran wär und nach Salvador zurück müßte, weil er am nächsten Tag mit den Mädchen in Jacobina tanzen sollte. Vorher wurden aber, wir haben das nur von der Mauer aus gesehen, Hände geschüttelt, und er bekam ein Papier, das mußte er vor dem Mikrofon vorlesen, um die Debütantinnen vorzustellen. Jede einzelne kam vorbei, und die Leute klatschten, aber der Beifall wurde immer kürzer, und die Mädchen von der Insel kamen zum Schluß dran. Das war nur gerecht, weil ja Peri-Peri alles bezahlte, aber es zog sich einem das Herz zusammen wegen Desinha, weil er ihren Namen nicht richtig vorlas, er brauchte ziemlich lange dazu, und schließlich sagte er Edelsita, und sie lief schon nach vorn, als er endlich den Namen über die Lippen kriegte, und so wurde fast gar nicht geklatscht, und er entschuldigte sich mehrmals, weil er sich versprochen hatte.

Dann ging das Fest weiter, und er sollte mit jeder tanzen. Und das muß man wegen der Gerechtigkeit Halfter sagen, er tanzte sehr gut. Na ja, für 900 Contos pro Schritt, dafür hätte so mancher einen ganzen Frevo-Tanz hingelegt, aber man kann wirklich nicht sagen, daß er nicht gut tanzte. Aber der Teufel wollte es, daß nun hin und wieder einer den Tanz unterbrach und eine Rede hielt oder einer zum Künstler ging, um mit ihm zu reden, ein richtiges Durcheinander. Man konnte sehen, daß er seine Pflicht erfüllen und mit allen zweiundvierzig tanzen wollte, aber dann wurde es Zeit, weil das letzte Ferriboot fuhr, und der Fahrer kam und flüsterte ihm ins Ohr, daß es Zeit wär. Ein Hin und Her und noch ein paar Worte und Händeschütteln, und er mußte weg wegen der Abfahrt vom Ferriboot. Da war nun nichts mehr zu machen, und er ging zum Mikrofon, bat um Entschuldigung und fuhr ab, genauso durchentwischt wie er gekommen war.

Der Ball ging weiter, Desinha hat nicht getanzt. Aber sie war nicht traurig, ein Itaparikaner gibt nicht auf. Vielleicht ist sie im nächsten Jahr wieder Debütantin, diesmal in Peri-Peri oder in Paripe, und er kommt wieder, und sie kann ihn für sich einnehmen, wo sie es diesmal ja so versucht hat, aber er hatte keine Zeit fürs Einnehmen, das konnte jeder sehen. Bei den Leuten im allgemeinen war der Künstler nicht besonders angekommen, aber sie waren auch nicht traurig, weil alle wußten, wenn man es genauer betrachtete, dann war er ein Erfolg. Und Desinha, also Desinha sagte neulich, sie hätte große Hoffnungen. Hast du nicht gesehen, sagte sie, als er sich verabschiedet hat, da hat er gesagt, das Publikum hier wär wunderbar? Hat er gesagt. Und ich bin das Publikum von hier! sagte sie, ein Teufelsmädchen, so intelligent.

Der Heilige, der nicht an Gott glaubte

Wir haben verschiedene Arten Fisch auf der Welt, da ist der Fisch, der Schlamm frißt, der Fisch, der besoffene Kakerlaken frißt, dann der, der gemütlich seine Suppe trinkt, indem er immer so im Wasser schlürft, der Fisch, der nicht an sich halten kann, wenn er irgendwo ein trächtiges Fischweibchen die Eier legen sieht, und mit dem Schwanz hin und herwedelt und den Samen im Wasser verteilt, wobei das Wasser ganz milchig wird, dann haben wir den Fisch, der hinter glitzerndem Metall her ist, und die Makrelen, die aus dem Wasser springen wie die Meeräschen, und diese Rabenfische, fast wie U-Boote so schlank sind die, und wir haben den Skorpionfisch, der ist an der ganzen Küste von der Bucht bekannt, derselbige Fisch raucht nämlich nicht nur Zigaretten und Zigarillos, am liebsten übrigens die Dannemann und Continental ohne Filter, die es heutzutage nicht gibt, sondern er sticht Leute, die ihm zu nahekommen, schlimmer als ein Rochen, und dann kriegt man Fieber und Schüttelfrost, womöglich auch noch Durchfall, Kälteschauer und was noch alles, dann haben wir noch die großen und kleinen Haie, die dürfen nie stillstehen, sonst ertrinken sie.

Komisch, daß ich so viel von Fischen verstehe und fast keine fange, aber ich versteh was davon. Die kleinen Fische für Fischgemischtes sind: Carapicu, Seestichling, Chicharro und Sardinen. Dann kann man noch Krötenfisch und den Bauchwehfisch fangen, wovon der erste giftig ist und der zweite, von dem bekommt man Dünnschiß und Krämpfe. An so einem Steg wie diesem hier, der schon mal besser war, kann man auch Fische von einigen Handbreit erwarten, aber weniger als zwei, wenn sie hier vorbeikommen, das hängt vom König der Fische ab, was der meint, und noch von anderem hängt das ab. Ein Papageifisch, ein Kaulkopffisch, ein Mönchsfisch oder ein Klingenfisch. Es kann ein Barsch sein oder ein Seeaal oder auch eine Moräne, aber seltener. Wenn man kleine Fische angelt, da ist es so richtig gut, wenn sie anbeißen und man sitzt so auf dem Steg oder friert sich eins ab bis zum Gürtel in diesem Wasser im August, und dann ist man zufrieden mit seinem Fischzug und möchte nichts anderes mehr auf der Welt.

Oder wenn man so wie jetzt im Boot sitzt, nichts beißt an, nur Zeckfische. Bei diesen kleinen Fischen für das Fischgericht habe ich den Zeckfisch vergessen, der nicht oft auftaucht, nur zu einer bestimmten Zeit, der hat seinen Namen wohl bekommen, weil er wirklich die reinste Höllenplage ist, wie die Zekken draußen. Besonders weil dieser Fisch ein Maul hat, das riesig ist für seine Größe, also da steckt man einen Haken auf für Fische, die tiefer unten schwimmen, sagen wir einen Rotbarsch, ein Rinderauge, einen Schlagfisch, und da kommt mir doch von da unten wie ein kleiner Schmetterling am Ende der Angelschnur zappelnd ein Zeckfisch hoch. Da muß man doch wütend werden.

Und ich ziehe eine Nylonschnur auf, die hat mir Luiz Cuiuba aus Salvador besorgen lassen, diese grüne, dicke Schnur, mit zwei Bleigewichten und den Haken, die mit einer Art Draht festgebunden sind, ich habe kein großes Vertrauen in diese Schnur, jetzt sieht man ja, daß die auf Zeckfische spezialisiert ist. Aber wir haben grade Ebbe, da kommt der September mit seinen Drachen am Himmel, ich habe eine Handvoll kleine Krebse, die Sete Ratos mir gegeben hat, ich mache das Boot fest an den Überresten vom Bohrturm und lasse die Schnur locker über Bord gleiten, ich mach mich doch nicht lächerlich und werd diese komische Schnur über dem Kopf schwingen, wie es richtig wäre, da könnte mich ja einer sehen. Von hier aus kann ich bis ans Ende vom Kirchplatz sehen und ein paar Kinder, die wie kleine Ameisen auf dem Sand rumwuseln, den die Segelschiffe ausladen, aber ihr Lärm kommt erst zu mir, nachdem ich sie mit dem Auge entdeckt habe, und so wirken ihre Schreie wie lange Schwänze. Hier ist eine Dose, fast voll mit Zigaretten; ein Krug mit schön kaltem Wasser; ein Fläschchen mit Zuckerrohrschnaps und Zitrone; bequem angezogen bin ich, ohne Unterwäsche; wenn nicht die Strömung in der Ebbe wäre, wär das Wasser spiegelglatt; es fehlt nichts, und ich schieb mir den Hut ein bißchen über die Nase, rück mich auf dem Bug zurecht, roll die Schnur um den Knöchel, und sitze so da und denke über das Leben nach.

Da fängt der Zeckfisch an, erst dachte ich, das wären die diebischen Krötenfische. Wer zwei von den großen Angelhaken kauft, der bekommt die Köder umsonst, inzwischen hat die Frau schon das Mittagessen besorgt, da nimmt man so ein bißchen Zucken an der Leine nicht so wichtig. Weder leichtes noch heftiges. Wenn der Fisch anbeißen will, na bitte, wenn nicht, läßt er es bleiben. Das muß ich jedes Mal denken, wie alle vernünftigen Menschen, aber selbst ein Heiliger könnte mit der Leine um die Knöchel da vorn nicht einfach still sitzen bleiben, ohne sich zu rühren und aufzupassen. Also, mir macht keiner was vor: es ist einer von diesen verflixten Krötenfischen. Wo er mir nun all diese Arbeit gemacht hat, werd ich versuchen, den Haken, den der Elende verschluckt hat, rauszuziehen, ich werde ihn am Bauch kitzeln, bis er anschwillt, und dann gibt es einen Knall, wenn man mit der Ferse drauftritt. Aber weil es in Wahrheit kein Krötenfisch ist, sondern so ein unterwickelter Zeckfisch, ein mieser kleiner Zeckfisch, der eigentlich mehr Maul als sonst was hat, ein Maul, das ein Hohn ist für einen wunderbaren Angelhaken, der mindestens für einen Rotbarsch gedacht war, kann man nichts machen. So einen Zeckfisch, den hat man mit einem Biß runter, und es bleibt noch viel Platz, der lohnt nicht das Feuer im Herd. Also ein Zeckfisch in der Wasserlache im Boot drin, und von nun ab beißt jede Sekunde einer an, wirklich zum Auswachsen. Ich hatte schon einen ganzen Haufen von diesem Zeckzeug im Boot und dachte, damit laß ich mich zu Hause nicht blicken, weil die Leute mich bestimmt fragen würden, was ich da für Kroppzeug gefangen hätte, und nicht mal eine Katze würde so was fressen wollen. Kann sein, daß diese Angelschnur von Cuiuba wirklich was Besonderes hat für Zeckfische, wer weiß, aber das ist doch einfach eine Schande, da fängt man hier bloß Zeckfisch, bleibt nur noch, meinen Flachmann aufzumachen, den Haken aus dem Wasser zu ziehen und nachzusehen, ob es sich lohnt, zum Fischplatz von Paparrão rüberzurudern in dieser glühenden Sonne, da fragt man sich, wozu diese Eile, die Welt geht doch nicht zugrunde, und da nuckel ich am Flachmann, meinen Schnaps mit Zitrone, eine prima Frucht, die Zitrone, die ist gesund.

Und jetzt wird es immer stiller, ich spüre von der Seite, daß da was am Pfosten vom alten Bohrturm steht, und vorher hatte ich nichts gesehen. Vom Schnaps konnte das auch nicht kommen, denn ich hatte erst höchstens zwei Schluck getrunken. Da hielt sich einer mit der rechten Hand an einem Pfosten fest, der ganz mit Austern überwachsen war, stand an einem Stützpfeiler, die Hosen hochgezogen, einen alten Hut auf dem Kopf und Hosenträger über dem Hemd.

»He, du da!« sagte ich. »Bist du trocken hergeschwommen?«

»Nein, bin ich nicht«, sagte er. »Viel Fisch?«

»Kleine Zeckfische.«

»Schau da«, sagte er und zeigte auf etwas Glänzendes im Wasser Richtung Insel der Furcht. »Fische.«

Also, da schwamm ein Schwarm Liebesfische fröhlich an der tiefen Stelle entlang. Die sind bekannt dafür, daß sie an die Wasseroberfläche kommen, ganz plötzlich, und das sieht aus wie lauter hin und her zuckende, glitzernde Klingen. Diese Liebesfische beißen nicht an, genau wie die Jungfernfische, darauf braucht man gar nicht zu warten, selbst mit Dynamit kriegt man die nicht.

»Liebesfische«, sagte ich. »Nur mit einem guten Netz. Und mit mehr Booten und mehr Leuten.«

»Aber sie springen doch herum«, sagte er, mit einem begeisterten Lächeln, denn das Wasser sah obendrauf wie ein Spiegel aus Metall aus, aber wie das bewegliche Metall vom Thermometer, und jeder Fisch, der raufkam, sah prachtvoll aus. Da sagte ich, Meister, wenn Sie einen Haken auswerfen und eins von diesen dicklichen Mädchen anbeißt, dann gebe ich im Hotel ein Fest für Sie – aber entschuldigen Sie die Frage, wie ist Ihr werter Name?

So verbrachten wir eine Zeitlang, weil er sich verhedderte, mir versicherte, er würde nicht gern lügen, deshalb wollte er sich nicht vorstellen, aber ich sagte, ich würde keinen in meinem Boot mitnehmen, wenn ich nicht seinen Namen wüßte, und er könnte ja den ganzen Vormittag, Nachmittag und Abend an dem Pfosten da hängenbleiben und darauf warten, daß der liebe Gott es schon richten wird. Das ist aber interessant, meinte er seufzend, was du da gesagt hast.

»Es ist folgendes«, sagte er und seufzte wieder. »Ich bin nämlich Gott.«

Also, ich wurde nicht wieder. Aber das hatte er gesagt, und die Zeckfische, die sowieso so ein Geräusch machen, krucke-krucke, wenn man sie an der Schnur aus dem Wasser zieht, die waren ganz furchtbar aufgeregt.

»Es ist eigentlich folgendes«, fuhr er fort mit einem etwas verärgerten Gesichtsausdruck. »Siehst du das hier? Da ist nichts. Siehst du hier irgend etwas? Nichts! Also gut, jetzt werde ich von hier aus Angelleinen zwischen diese Liebesfische werfen.« Gesagt, getan, schneller als der Blitz warf er die Arme nach oben, und da schau her, alles, was es nur an Leinen gab, kam aus seinen Fingern hervor, wie ein Regenbogen war das. Da sah er ganz überlegen drein, schaute mich an, als wär ich nicht mal ein Anfänger im Fischen. Aber was war nur passiert? Folgendes war nämlich passiert, als er die Angelhaken auswarf, da hat im selben Augenblick an jedem ein Zeckfisch angebissen, und als er an den Leinen zog, kam dieses ganze Zeckzeug ins Boot. Und ich ha-ha-ha, siehst du nicht, daß wir nur Zeckfisch kriegen? Zeckfisch, Zeckfisch, sagte ich, schau dir das Gesicht von dem Rindvieh an. Aber er wurde ganz böse.

»Werd nicht unverschämt«, sagte er, »sonst befehle ich dem Fisch, dir eins auszuwischen.«

»Wie er mir, so ich ihm«, antwortete ich.

Hätte ich das bloß nicht gesagt, mein Freund, da kam mir nämlich ein Silberbarsch aus dem Wasser entgegengeschossen, ein Riesenvieh, also der kam am Pfosten aus dem Wasser, sprang hoch wie sonst nur eine Cavaco-Makrele und verpaßte mir mit dem Schwanz einen Schlag ins Gesicht, daß es noch zwei Tage lang ganz rot war.

»Wo ist der denn her, und noch so eine Raspel!« sagte er lachend, und der Silberbarsch blieb so etwa drei Ellen vom Boot entfernt und zeigte seine Zähne, so ein falscher Hund.

»Also werd nicht frech«, sagte er. »Sonst besorge ich dir ein gründliches Bad.«

»Na los doch«, sagte ich, manchmal glaube ich wirklich, ich bin zu dämlich.

Da hat er uns wahrhaftig ein Bad verabreicht, es kam eine Welle von der Landspitze Unserer Lieben Frau rüber, mit einem gekräuselten Kamm wie ein mürrischer Kopfsalat, und diese Welle, die hat so gegen das Boot geschlagen, daß wir eine Zeitlang in der Luft hingen.

»Nun?« fragte er. »Ich bin Gott und bin hergekommen, um ein paar Vorkehrungen zu treffen, wißt ihr vielleicht, wo der Markt von Maragogipe ist?«

»Was heißt hier Markt von Maragogipe oder Gogiperama oder weiß der Himmel«, sagte ich, jetzt war ich erst richtig stinkwütend und war klatschnaß, als der erst richtig zuschlägt, und ich noch ein paar Hundert Schläge verpaßt kriege, so gleichermaßen wie von einem durchgedrehten Windspiel, und jedes Mal, wenn ich mich aufrichtete, also dann saß der nächste Schlag, daß nur so die Fetzen flogen, bis wir beide auf den Boden fielen. Er verpaßte mir noch im Sturz zwei Ohrfeigen und sagte: bist du jetzt überzeugt, hast du begriffen, verdaut, kapiert, durchschaut, eingesehen, aufgenommen und verstanden, du Hurensohn? Ja, sagte ich, gelobt sei der Herr. Hör auf, von mir zu reden, du Gauner, sagte er, sonst breche ich dir alle Knochen. Bete lieber ein Vaterunser, bevor ich aus der Haut fahre, sagt er. Halt jetzt die Klappe, hat er gesagt.

Da war ich langsam überzeugt, und zwar grad, weil er das nicht alles so hingenommen hat, obwohl, man konnte ja sehen, daß er ein anständiger Mensch war. Er erklärte, er könnte auf dem Meer wandeln, wenn er wollte, aber so ein Benehmen, das wäre zu auffällig, da würden ja die Leute zusammenlaufen. Und daß er alles, was er tun wollte, auch tun würde und daß ich mich nicht so blöd anstellen sollte und daß er diese ganzen Zeckfische in wunderbare frische Barsche verwandeln könnte, wenn er wollte. Da habe ich gesagt, nun mal halblang, bis nach Maragogipe wäre es noch weit und eher würde ein Delphin auftauchen, um uns zu ziehen, als daß wir hinkämen, bevor der Markt zu Ende wäre, und da steckt er doch zwei Finger ins Wasser, und das Boot zischt ab wie ein Schnellboot von der Marine, über die Sandbänke weg und mit dem Bug aus dem Wasser, also wirklich. Ich hätte es ein bißchen ungehörig gefunden, ihm nichts aus dem Flachmann anzubieten, aber er sagte, er hätte jetzt keine Lust aufs Trinken.

Und da waren wir auch schon in Maragogipe angekommen, und Gott läßt den Ankerstein raus, dabei rutschen links und rechts die Zeckfische ins Wasser, und die Krebse freuen sich, die da im Sand nach Fressen suchen, und er steigt mit Schwung über Bord wie ein fliegender Fisch. Auf dem Weg ist er ziemlich fickerig und rettet zwei arme Seelen mit einer einzigen Berührung, einfach so, das kann nur einer, der viel Praxis hat, das kommt mit der Erfahrung. Der hat diese beiden Seelen nämlich nicht mal angeschaut, so im Vorbeigehen hat er jede ans Ohr getippt, und die beiden sind von da gleich weggeflogen, wie die Blaureiher nach dem Tauchen. Aber dann wußte er nicht mehr wohin, dort am Marktrand, und da bin ich zu ihm.

»Hier gibt es einen«, sagte Gott und kratzte sich ein bißchen verlegen am Kopf, »den muß ich sehen.«

»Aber warum tut Ihr nicht ein Wunder und findet den gleich?« frage ich, rede ihn höflich an, weil ich Gott ja schlecht duzen konnte, aber ich wollte auch nicht dumm dastehen, im Fall daß er es doch nicht wäre.

»Ich kann Wundertun nicht ausstehen«, antwortete er. »Ich bin kein Zauberer. Was redest du überhaupt so dummes Zeug daher, statt mir zu helfen?«

Da wäre ich aber beinahe böse geworden, nur eins

hat mich daran gehindert, daß ich ihn sonstwohin wünschte, um mal so schlecht erzogen zu reden. Und zwar, wenn er Gott ist, dann muß man ihn respektieren. Stimmt nicht: drei Punkte waren es, zwei außer diesem. Der zweite ist, dachte ich, wo er doch von Haus aus Zimmermann ist, ist er so Feinheiten nicht gewöhnt, ein Zimmermann, der ist nämlich nicht so gesprächig, der mag kein großes Brimborium. Und drittens, gerade wegen seinem Beruf und, ich glaube, wegen seiner Herkunft war er verdammt gut entwickelt, ich muß sagen, ein Schrank von einem Kerl, und die Hiebe, die es gehagelt hatte, hatte ich auch nicht gerade vergessen, und wie er mich plötzlich verflucht hatte wie im Paradies, wie das mit dem Feigenbaum, und ich also los, auf etwas wackligen Beinen, also seien wir nett zu ihm, nehmen wir ihm nichts übel. Da habe ich ganz höflich angefragt, wie ich denn dabei helfen sollte, daß er diese verdammte Kreatur findet, die er ausgerechnet auf dem Markt von Maragogipe suchte, mitten zwischen den Bergen von Nüssen und dem aufgestapelten braunen Zucker, er sollte mich entschuldigen, aber er könnte doch wenigstens sagen, wen er suchte und warum. Da schaute er mich an, lächelte fast und erklärte, er würde mir alles erzählen, weil er den Eindruck hätte, daß ich ein aufrechter Mensch wäre, obwohl eher ein Schnapsbruder als ein Fischer. In einem anderen Fall hätte er ja um Stillschweigen gebeten, aber bei mir wüßte er, das nützte nichts, und er wollte mir kein sinnloses Versprechen abnehmen. Also, wenn ich wollte, könnte ich es überall herumerzählen, es würde sowieso keiner glauben, darum wäre es egal und einerlei. Ich sollte richtig zuhören und mir alles gleich merken, damit er es nicht wiederholen und sich ärgern müßte. Aber Gott, sagt er, ach, mein Freund, du hast ja keine Ahnung, die Lage von Gott ist nicht gerade rosig. Stell dir vor, wie schwer es ist, ein Heiliger zu sein, aber erst Gott sein. Seit ich das hier geschaffen habe, will alle Welt, daß ich alle Probleme löse, dabei habe ich euch doch beigebracht, wie man das macht, und wer hier etwas zu lösen hat, das seid ihr, was hätte das denn für einen Sinn, wenn immer ich alles tun wollte? Seid ihr Menschen oder nicht? Wenn ihr Engel hättet werden sollen, dann hätte ich gleich alle Welt als Engel erschaffen können, statt mir so viel Ärger einzuhandeln, wo ich euch alles schön zurechtgemacht übergeben habe, und bei euch wird das größte Tohuwabohu draus. Aber nein: ich habe Mann, Frau, Kind erschaffen, habe das Schicksal eingerichtet: hier liegt alles vor euch, nur immerzu, bedient euch. Und dann macht ihr selbst das Schlimmste daraus, alle Welt hungert grundlos, und einer ist gemeiner als der andere, und da soll ich die Schuld dran haben? Und obendrein muß ich mir noch ständig Ratschläge anhören: wenn ich Gott wäre, würde ich dies tun, wenn ich Gott wäre, würde ich jenes tun. Es gibt keinen Gott, schaut euch bloß diese Ungerechtigkeit hier an und diese da, ich würde das Ganze viel besser planen und so weiter. Aber siehst du, wer so redet, das sind Leute, die nicht einmal ein Problem lösen können, wenn es um eine Mannschaftsaufstellung für eine Meisterschaft geht, ich weiß das, weil ich es leid bin, immer Gebete zum Fußball anzuhören, dann lasse ich den Kanal abschalten, nur in gewissen Fällen nicht. Jeden Tag sage ich mir von neuem,

Schluß, ich mische mich nicht mehr ein. Aber dann kriege ich Mitleid, streiche mir über den Kopf, ein Vater ist ein Vater, na ja und so. Also ein Wunder nur im äußersten Falle. Feine Sache, wenn ich ständig Wunder tun würde, übrigens bereue ich viele, wegen der dümmlichen Reklame, die damit gemacht wird, ich könnte ja gleich ein Riesenwunder tun, und alle würden zu Engeln und kämen in den Himmel, aber so leicht mach ich es euch nicht, das käme euch grad recht. Statt dessen gehe ich lieber her und entschaffe alles und Schluß, niemand ist erschaffen, niemand hat eine Seele, weder Gedanken noch einen Willen, nur ich allein bleibe da oben zwischen den Sternen übrig und unterhalte mich, das fehlt mir übrigens sehr. Ich darf mich einfach nicht so ärgern, ich muß Geduld haben. Denn sonst, sagte er, sonst... und deutete was an mit einem Fausthieb in seine Handfläche und ich bei mir, hoffentlich tut er das nicht, weil, wenn er das tun würde, das mindeste, was dann passieren würde, wär, daß die Raffinerie von Mataripe in die Luft fliegen würde, aber zum Glück hat er es nicht getan, gottseidank.

Also, erklärte Gott, ich suche die ganze Zeit nach einem Heiligen hier, einem Heiligen dort, sieht fast so aus, als würde ich Hilfe brauchen, dabei brauche nicht ich sie, sondern ihr, aber schön. Jetzt hör mal gut zu: ein Heiliger ist einer, der etwas für die anderen tut, denn nur, wenn man etwas für die anderen tut, tut man etwas für sich selbst, obwohl die meisten Leute das Gegenteil glauben. Mir-sei-dank, daß hin und wieder ein Heiliger auftaucht, denn sonst müßte ich glauben, ich hätte mich völlig verrechnet. Etwas tun, das heißt: mich nicht beschämen, daß ich euch nach meinem Bild erschaffen habe, nur darum bitte ich, das ist nicht viel, oder? Wer also dabei mitmacht, den schätze ich sehr. Aber ohne Wunder. Diese Geschichte mit dem Wunder, das ist eine Sache für die Vorsehung, nur im Fall einer Notlage, eine kleine Korrektur, die man vornimmt. Die Leute verstehen nicht, daß ich jedes Mal, wenn ich ein Wunder tue, alles andere wieder richten muß, das ist vielleicht eine Schinderei, da ist man hernach ganz erschöpft. Wenn man hier etwas berührt hat, muß man da etwas berühren, die Hölle ist das, Pardon, das Wort ist mir rausgerutscht. Es ist ein Kreuz mit den Heiligen. Wenn ich einen finde, dann danke ich dem Himmel.

Als ich frage, wieso denn das, da antwortet er, daß ich überhaupt nichts verstehe von der Heiligen Dreifaltigkeit und lieber den Mund halten soll, und sagt, er sucht einen gewissen Quinca, bekannt als der Muli-Quinca, der hier arbeiten soll. Aber wieso denn der Quinca, frage ich, das kann doch nicht unser Quinca sein! Der heißt doch nicht umsonst Muli-Quinca, der lebt nämlich nur zwischen Eseln und Maultieren, und früher wär er ja ein reicher Junge gewesen, aber er hätte alles weggegeben und würde nur Unruhe stiften und dummes Zeug machen, und immer wollte er unbedingt jedem die Hand geben, den er für einen guten Menschen hält, aber diese guten Menschen da von ihm, das sind alles Taugenichtse. Die Leute würden ihn allerdings in Ruhe lassen, weil sie ihn gut leiden könnten, und wenn er redete, dann hörten sie ihm alle zu. Und außerdem teilte er ja auch alles mit den anderen und wär immer am Lachen, und waschen täte er sich selten und er wär ein Schlitzohr und schluckte ganz schön Schnaps, aber nur, wann er wollte, sonst nicht. Und schließlich wüßte doch alle Welt, daß er nicht an Gott glaubt, er wäre sogar immer am Streiten mit Pater Manuel, was ein ganz feiner Mensch ist und immer verzeiht.

»Ich weiß«, erwiderte Gott, »das macht es ja noch schwieriger.«

Und so haben wir erfahren, wie schwer das Leben von Gott und den Heiligen ist, weil wir nämlich den ganzen Markt nach Quinca durchkämmen mußten, und immer, wo wir langkamen, da war er gerade gewesen. Wir fanden ihn in einer Bude, er redete etwas daher, daß die Frau von Lot, diese andere Heilige, so getan hätte, als würde sie alles für Unfug halten, es dann aber doch eingesehen hätte, und ich merkte bloß, daß es Probleme geben würde. Seht, da, und ich zeigte auf Quinca, der bringt nur Unfrieden. Genau das, sagte Gott und blickte sehr zufrieden drein, einmal habe ich auch gesagt, ich sei gekommen, um Mann und Frau zu entzweien. Also los, stell mich vor.

Und dann haben wir vielleicht einen Tag verbracht, nach der Vorstellung – der Quinca hatte wohl schon ganz schön einen gekippt – haben wir nämlich einen Schnaps getrunken, alles in bester Freundschaft, weil man sehen konnte, daß Quinca Gott mochte und Gott ihn, also wurden sie gleich beste Freunde, und die Unterhaltung war sehr angeregt, und ich blieb manchmal außen vor, die hatten sehr viel zu bereden. Und immer weiter beim Schnaps, bis drei Uhr ging das, und alle schon richtig angeheizt, und da kommt mir doch der Quinca und will abhauen zur Adalberta, zu der mit den Huren im Haus. In diesem Augenblick, da mußte ich, weil ich sehe, daß Gott gar nicht mehr richtig aufpaßt, weil er womöglich nicht an diesen Schnaps gewöhnt ist, von dem er schon an die zwanzig gekippt hat, also da mußte ich ihn warnen. Ich rief Gott in der Bude in eine Ecke, während Quinca pinkelte, und sagte, also Ihr seid neu hier, wenigstens kannten wir Euch bisher nur von der Messe, diese Alberta, ich weiß nicht, ob Ihr das wißt, das ist eine Puffmutter, das gehört sich doch nicht für Euch, also es geht mich ja nichts an, aber als ein Freund kann ich da mal drauf hinweisen. Hör mal, Junge, du hast Angst vor Frauen, sagte Gott, der in bester Stimmung war, und wenn er nicht Gott gewesen wäre, dann hätte ich fast geglaubt, der Schnaps würde da ein bißchen nachwirken. Wo er nun so geredet hat, da werde ich doch nichts dagegen sagen, wer weiß, vielleicht gibt es dort ein Mädchen, die Magdalena heißt, also beschloß ich mitzugehen, ohne groß zu fragen. Die haben weiter getrunken und hatten großen Erfolg bei den Frauen, und es wurde viel gelacht, also wirklich reichlich, dann wurde nach sechs sogar Essen aufgetischt, weil sich der Hunger wieder meldete, und reichlich Musik gab es. Auf jeden Vers, den Quinca wußte, antwortete Gott mit einem anderen, es war ein herrliches Fest, aber ganz harmlos, und Gott wußte mehr Sambatexte als jeder andere, er las die Hand, rezitierte, machte Verse, alle konnten ihn gleich sehr gut leiden. Und ich, wo ich im Schlepptau mitgekommen war, umsonst trank und schon gelernt hatte, daß es besser war, den Mund zu halten, konnte aus dem Augenwinkel erkennen, daß er unter der Hand ein paar Wunder tat, also mich täuscht er nicht. Als ob die Frauen alle schöner geworden wären, und die ganze Umgebung war wunderbar leicht, das Bier war wie aus dem Gefrierschrank, so kühl, aber ohne Eisklumpen, und ich bin sicher, aber beweisen kann ich es nicht, daß er mindestens zwei Tripper kuriert hat, nur durch seinen freundlichen Blick. Und gut unterhalten haben wir uns, und es war schon nach elf, als Quinca Gott einlud, die Maultiere anzusehen, also haben sie sich die Maultiere angesehen, als ob Gott vor der Erschaffung der Welt Maultiertreiber gewesen wäre. Es war ein einziges Das da stolpert leicht, das da nicht, dies ist störrisch, dies stakst, dies trampelt, dies ist alt, der reinste Maultiertreiber-Kongreß.

Da kann man sehen, wie ungerecht alles ist, denn jetzt wußte ich ja schon, daß Gott Quinca als Heiligen haben wollte und daß es eine Heidenarbeit war, allein, was er über Maultiere hatte lernen müssen, und wie viele Sambatexte er auswendig konnte, wirklich eine Schinderei. Aber ich hatte schon damit gerechnet, daß Gott jetzt irgendwann diesem Muli-Quinca Bescheid geben würde. Und wirklich, als es einmal eine Pause in ihrem Gespräch gab und Quinca vor lauter Schnaps nur noch mit der Zunge schnalzte und vor sich hin stierte, lenkte Gott wie zufällig das Gespräch auf sich, daß er Gott wär und so.

Hätte er bloß nichts gesagt. Quinca gleich, er glaubte nicht an Gott. Und Gott, anfangs mit viel Geduld, daß er wirklich Gott wäre und es beweisen würde. Er tat zwei Wunder, einfach so, aber Quinca sagte, das wären Tricks und außerdem wär ein Mann ein Mann, und wenn er Wunder brauchte, dann wäre er keiner. Obwohl ihm im Herzen anders zumute war, mußte Gott ihm ehrlicherweise recht geben. Na, dann lauf doch übers Wasser, aber führ mich nicht an der Nase rum, nimm mich nicht hoch, sagte Quinca. Und ich immer besorgt, daß Gott vielleicht keine Geduld mehr hätte, weil wenn er sich ärgern würde, dann wollte ich wenigstens schön weit weg sein, auf keinen Fall ausgerechnet hier. Aber er nur dies und jenes und Heiliger, das wäre doch wunderbar, da gäbe es Opfer, aber auch Belohnung, und er sollte mit diesem Unsinn aufhören, daß es keinen Gott gibt, fehlte nur noch, daß er ihm zehn Prozent versprach. Aber Quinca blieb bei seinem Nein, und es wurde immer schlimmer, und die beiden gingen vor die Tür, und plötzlich gab es Streit. Ich saß weiter weg, darum hörte ich bei dem Wind nur verschwommen, wie sie sich anbrüllten.

»Du mußt Heiliger sein, du verdammter Kerl!«

»Bleib mir vom Hals, du Rindvieh!« sagte Quinca.

Und nach dem Lärm hörte man Schläge, und ich dachte bei mir, wenn Gott beim Reden nicht gewann, beim Zuschlagen bestimmt, das kannte ich ja schon. Aber es war nicht leicht. So um eine halbe Stunde nach Mitternacht bis vier Uhr früh war immer nur zu hören: Sei doch kein Esel, du Dummkopf! Halt den Mund, du Schwindler! Und so ging das weiter. Ich weiß nur, daß gegen fünf Uhr etwa Gerdasia vom Markt mit einem Pudding vorbeikam, den wollte sie verkaufen, und sie war so nächstenliebend und gab mir und Gott was davon zu essen, also der ißt Pudding, als wäre am nächsten Tag alles aus und keine Zeit mehr zu nichts, und die beiden gaben sich die Hand, aber einigen taten sie sich nicht: Gott hörte nicht auf, Quinca als Heiligen anzuwerben, und Quinca wollte diesen Posten nicht annehmen.

»Also gut«, sagte Gott, nachdem alle schon ein paarmal gesagt hatten, jetzt würden sie gehen, aber dann doch weiterredeten und stehenblieben. »Ich komme wieder.«

»Kannst immer wiederkommen, zu essen und zu trinken wird es geben«, sagte Quinca. »Aber überzeugen wirst du mich nicht!«

»Hör doch auf, du bist ja noch sturer als deine Maultiere, Junge!«

»Schon möglich, daß ich stur wie ein Maultier bin, aber ein Esel bin ich nicht!«

Und wieder gings los, aber als der Tag schon anbrach, so um die sechs oder sieben Uhr morgens, da fahren der Herrgott und ich nach Itaparica zurück, keiner von uns sagt ein Wort, er, weil er in seiner Mission gescheitert ist, und ich, weil ich nicht gern einen besiegten Freund sehe. Fast hätten wir dabei vergessen, wie schön das Leben sein kann, und als wir am Fort vorbeikommen, da sieht er mich ganz freundschaftlich an und sagt: Nicht gescheitert, Junge. Ich hab doch gar nichts gesagt, sage ich. Aber gefühlt, sagt er. Mach dir nichts draus, sagt er, nicht jeder Fischzug bringt Fische. Und dann löste er sich in bläulichen Dunst auf und verschwand in den Himmel.

Der Esel Boneco und der Esel Suspiro

Ich kann diese Geschichten ja selbst nicht mal ausstehen, weil ich aus Itaparica komme, und in Itaparica mögen die Leute es nicht, wenn man solche Geschichten erzählt, sie bevorzugen Themen aus unserer Geschichte, wie zum Beispiel die Prügel, die einige Itaparikaner den Portugiesen einmal in einem Kampf verabreicht haben, in den wir vor mehr als 150 Jahren verwickelt waren, aber wo kein Wasser mehr fließt, geht keine Mühle. Dennoch finden die Leute von Itaparica ein diebisches Vergnügen daran, während der Festlichkeiten zum Siebten Januar, dem hohen Tag unserer Insel, auf die Portugiesen zu schimpfen. Ich selber, der ich kein Portugiese bin, habe eigentlich nichts gegen diese Angewohnheit einzuwenden, aber ich habe mich davon ferngehalten, mehr aus Bequemlichkeit als aus irgendeinem anderen Grund. Außerdem konnte mein Großvater das viel besser als ich, und ich will die Erinnerung an ihn nicht entweihen, wie seine gebeugte Gestalt am Fenster stand und zwischen den Zähnen den Text hersagte, der eigentlich laut und feierlich klingen sollte. Deshalb überlasse ich es meinem Großvater, von den Ruhmestaten zu berichten, aber ich wiederhole, den Leuten von Itaparica mißfällt das sehr, und Edson Saldanha hält mich sogar für den Verfasser einiger Schmähverse gegen unsere Landsleute von der Insel und spricht nicht mehr mit mir, außer, wenn er mir gar nicht ausweichen kann. Sehen Sie, und das bei uns, wo wir in gewisser Weise verschwippschwägert sind und dergleichen. Aber so ist das eben.

Wenn mich also jemand bittet, diese Geschichten, in denen die Esel Boneco und Suspiro die Hauptfiguren waren, zu erzählen, dann macht mich das verlegen, und wenn ich nicht von der Feder lebte und daher gewöhnt wäre an Schamlosigkeit, ganz abgesehen davon, daß ich jedes Thema aufgreifen muß, dann würde ich niemals hergehen und die Geschichte von Boneco und Suspiro erzählen. Hinzu kommt, daß ich Luiz, den Kellner vom Grand Hotel, nicht um Erlaubnis gebeten habe, den Teil zu erzählen, in dem er zu seiner Scham und Qual eine Rolle spielte, weil er der Besitzer des genannten Esels Suspiro war.

Jedoch, es ist eine Notwendigkeit, daß wir das Problem des Esels Boneco erklären, damit der geneigte Leser alle Aspekte dieser Erzählung verstehen kann. Dieser Esel Boneco übertrieb wirklich mit seiner andauernden Erektion, die sogar für einen itaparikanischen Esel als unmäßig galt, und wenn Sie schon einmal einen itaparikanischen Esel gesehen haben, dann werden Sie verstehen, wie seltsam Boneco war. Nun, das wäre sogar ein Thema für ein Gespräch der Bürger unserer Stadt gewesen, wenn sie im Park saßen, solange die Flut nicht zurückwich, und vielleicht auch Grund genug für den Stolz unserer Leute, wenn nicht hinzugekommen wäre, daß Boneco obendrein frech war. Das heißt: zügellos, verrückt und draufgängerisch.

Daher war Boneco in der Stadt nicht beliebt, es wurden verschiedene wenig erfreuliche Dinge von ihm erzählt, unter anderem, daß er Frauen beim Wäschewaschen erschreckte. Mit Boneco war nicht zu spaßen, hieß es. Wenn er jemals einen Besitzer hatte, dann hatte der ihn schon lange aufgegeben, denn der

Mann, der ein paar Meter weit auf Boneco sitzenbleiben konnte, ohne daß der bockte, muß erst geboren werden, und wenn Boneco bockte, dann wurde er sehr unangenehm. Wie dies auf beispielhafte Weise mein Vetter Walter Ubaldo ausdrückte, der zu dieser Zeit Philosoph war und eine kleine Akademie in seinen Räumlichkeiten unterhielt (er schrieb sogar die Hälfte des Wörterbuchs von Caldas Aulete ab, in Schönschrift; erst, als er die Philosophie aufgab, hörte er auch damit auf), also er sagte, »Boneco, wenn ihm der Sinn nach Kopulieren steht, dann kopuliert er, was immer er vor sich hat. Vor nichts weicht er zurück, in seiner geilen Begierde«, meinte mein Vetter, der auf brillante Weise eine umgekehrte Satzstellung zu benutzen weiß, wie übrigens die ganze Familie, so daß viele Gespräche sozusagen von rückwärts nach vorwärts beginnen.

Auf der ganzen Insel gab es niemanden, der nicht die Angewohnheit von Boneco verworfen hätte, überall zu kopulieren, wo immer sich eine Gelegenheit bot oder auch nicht, daher gab es Leute, die sich darüber stritten, ob Boneco sich in seinem Urteilsvermögen irrte oder ob er sich wirklich vorknöpfte, was gerade da war. In der Tat hatten vor dem Fall mit Suspiro andere Vorkommnisse vielen unserer Mitbürger Anlaß zu Kritik an Boneco gegeben.

Wären nicht einige der Betroffenen noch am Leben, würde ich an die Geschichte erinnern, als Boneco einen jungen Esel aus Maragogipe (oder eine Eselin; die meisten Zeugen glauben, es sei ein Esel gewesen) verfolgte und ihn schließlich auf der Veranda einer gewissen Pension eingepfercht hatte, wo die Leute nach der Mahlzeit beisammen waren, die

Männer im Hausanzug, die Frauen in ihren hübsch gebügelten Hauskleidern, alles ganz manierlich. Da stürmte also Boneco auf die Veranda hinter dem kleinen Esel (oder der Eselin) her, und die Leute mußten natürlich auseinanderlaufen, denn man konnte nicht einmal auf die Hilfe der Polizei zählen, weil der Wachtmeister nämlich Boneco kannte und wußte, daß der einem die Stirn bot, wenn er wütend war. Und wenn Sie noch nie gesehen haben, wie Boneco einem die Stirn bietet, dann können Sie sich glücklich schätzen, weil das für einen gottesfürchtigen Menschen nicht gerade angenehm war. Daher war die Bevölkerung gezwungen, resigniert die Beifallsrufe der Bengel anzuhören, die schrien »Boneco geht jetzt ra-an, Boneco geht jetzt ra-an«, als Boneco ranging. Schockierend, direkt in der Ecke auf der Veranda. Der Wachtmeister sagte am Steg, daß er Boneco, wenn der ein Mann auf zwei Beinen wäre, erschießen würde, aber niemand glaubte ihm das so recht, weil alle wußten, daß der Wachtmeister nicht den Mut hatte, auf Boneco zu schießen, auch sonst niemand übrigens.

Luiz wird Ihnen mit Vergnügen die Geschichte von Suspiro wiedergeben, wenn Sie ihn ein wenig drängen und keine Damen in der Nähe sind. Dagegen, wenn Damen da sind, können Sie Luiz noch so drängen, er wird die Geschichte nicht erzählen und noch mehr stottern als sonst, denn wenn es einen Menschen gibt, der Achtung vor den Damen hat, dann ist das Luiz, der Kellner vom Grand Hotel. Wenn keine Damen da sind, wird Luiz Ihnen erzählen, daß er sich furchtbar gesch-schämt hat und es ihm sehr p-peinlich war, auch wenn Suspiro noch lebte, würde er n-ie wieder d-diesen Esel s-sehen wollen.

Luiz war damals rechter Mittelstürmer im Spiel gegen die Urlauber – ich war in der Verteidigung, zusammen mit Chico dem Dicken, die Saison hatten wir unbesiegt hinter uns gebracht – und verdiente sich ein bißchen zusätzliches Geld mit Wasserladungen, die er in die wenigen Wohnhäuser brachte, die bereit waren, einen absurden Preis für die vier Wasserfässer zu zahlen, die der Esel auf dem Tragegestell schleppte. Und Luiz kam durch die Rua Direita, auf seinem Esel Suspiro, nur ein Faß war noch voll. Ich trotte so vor mich hin, sagte Luiz, fast war ich eingeschlafen, als ich Boneco sehe, wie der von der Rua dos Patos rausstürmt, durch dies Gäßchen vor der Kirche. Ich konnte diesen Esel nie ausstehen, und er kam schon in voller Montur auf Suspiro zu. Deshalb bin ich wütend auf Suspiro, sagt Luiz, weil dieses verdammte Vieh nicht rechtzeitig aufgepaßt hat. Ich wollte abspringen und ihn laufen lassen, aber er bekam Angst und trabte die Treppen zur Kirche rauf, dann runter zum Haus von Devêque, fast dort, wo die Maroca wohnt. Und ich nur aah-ooh, aber der Esel wollte nicht zur Vernunft kommen, und inzwischen kommt der Boneco angetobt, galoppiert über die Straße und die Stufen rauf und wieder runter hinter Suspiro her, und ich auf Suspiro, v-verstehen Sie. Und was hast du dann gemacht in dieser vertrackten Lage, Luiz? Na ja, ich da oben drauf, und wie ich merke, daß Boneco nicht aufgibt, was sowieso alle wissen, daß Boneco nicht abläßt, wenn er einmal dabei ist, kletter über die Fässer rüber und rutsche so schnell es geht runter, konnte schon fast den schnaubenden Boneco im Genick spüren. Weil, der würde mich da oben drauf nämlich nicht ungeschoren lassen, nein, würde der bestimmt nicht! sagt Luiz empört. Ich rutschte also runter und fiel mit den beiden Fässern auf den Boden, auch mit dem vollen, das Wasser l-lief über die Stufen und ich der Länge nach in die Pfütze. Ich konnte grade noch sehen, wie Boneco, ohne Rücksicht auf Verluste, weder auf die Familien rundherum noch auf das Faß, noch auf das Tragegestell, also auf rein gar nichts, sich an Suspiro v-verlustierte, ohne auch nur um Erlaubnis zu bitten. Ein elendes Vieh, das. Mit dem war nicht zu schscherzen, da kannte der nichts, der hatte k-keine Zeit zu verlustieren.

Was Sie Luiz unbedingt fragen müssen, ist, was für ein Gesicht Suspiro gezogen hat, als Boneco sich an ihm verlustierte. Hauptsächlich deshalb, weil Luiz ein hervorragendes Gebiß hat, mit Sicherheit von der Qualität des Gebisses von Suspiro, der als armer Esel nie Zucker fraß. Luiz bestätigt, daß Suspiro, als Boneco flupp-flupp, also da hätte Suspiro den Hals so nach vorn gereckt und die Zähne gebleckt – das ist nicht ohne, sagt Luiz. Der blieb ganz starr stehen, erklärt Luiz, grrr mit den gebleckten Zähnen und dem gestreckten Hals. Boneco, der ganz zynisch, macht zu Ende, läßt Suspiro stehen, ganz verd-dattert und geschändet. Von dem Tag an wollte ich nichts mehr v-von Eseln wissen. Weil die Leute nämlich behaupten, Suspiro wäre ein Zeitlang d-danach gestorben wegen dem kräftigen Reinstoßen, aber ich weiß, es war aus Sch-Scham, aus allergrößter Scham, er hat nicht mehr gefressen und war ganz trostlos. Ich selbst weiß das, weil ich ab und zu nach ihm gesehen habe und immer f-fand, er wär ganz deprimiert. Er starb vor Beschämung.

Der Tod von Suspiro brachte Boneco in der ganzen Bevölkerung viele abschätzige Kommentare ein, und zwar so, daß er aus diesem oder jenem Grund eine Zeitlang nicht mehr auftauchte. Aber nicht etwa aus Reue oder Selbstbesinnung, nein, ganz im Gegenteil. Es half nicht viel, denn als er eines Tages am Anfang von der Strandpromenade auftauchte, da hat ein gewisser Jemand, es heißt, Luiz sei es gewesen, aber das glaube ich nicht, Boneco einen Messerstich in seinen Riemen verpaßt, was nicht besonders schwierig war, weil Boneco ihn immer ausgefahren hatte. Solcherart verwundet rannte Boneco los und fand Unterschlupf bei meinem Vetter Zé de Neco, der den Knüppel von Boneco mit Faden und Nadel angenäht hat. Zé de Neco ist ein sehr guter Freund von mir, obwohl wir uns, seit er seinen Snooker-Salon zugemacht hat, seltener gesehen haben, was doch wünschenswert wäre bei Vettern und nahen Verwandten. Neulich war ich mit ihm in Bom Despacho, an der Endstation vom Ferriboot, und da erzählte er mir, er wär jetzt bekannt als der Mann aus Nazaré, der immer mit seinem VW-Bus Fahrten nach Nazaré macht und hin und wieder Mädchen auf die Insel transportiert. Bei dieser Gelegenheit fragte Zé de Neco mich, ob ich schon Kinder hätte (er hat 16; oder 23; oder 38; Neco, sein Vater, noch mehr und Nené, sein Bruder, auch) und ich antwortete, nein. Leerer Sack, sagte er. Das wirds sein, sagte ich. Denn Zé de Neco ist von Natur aus ein strammer Bock, weshalb er das Kopulustrum von Boneco angenäht hat, nur, um es denen zu zeigen.

Es liegt mir daran, das richtig zu erklären, weil Zé ein geschätzter Vetter und Milchbruder von mir ist und ich nicht will, daß irgend jemand denkt, er würde ständig hergehen und irgendein abgefetztes Dingsobjekt annähen, wer will, soll doch Zé anmachen. Und das sage ich jedem, der daherkommt. Also nähte Zé den Kopulaster von Boneco richtig schön an und fertig. Danach war der ein bißchen geschwollen, aber dieser Hurensohn von einem Esel erholte sich prächtig und graste herum mit der größten Ruhe, vor allem, weil Zé, wenn dem auch nur einer zu nahekam, gleich die Hunde loshetzte, weniger wegen Bonecos schönen Augen als wegen der Genugtuung, die Zé empfindet, wenn er die Hunde auf jemand loslassen kann, der ihm auf die Eier geht, selbst wenn dem nicht so ist. Und Boneco wurde gesund, ging dann nach Amoreiras, wo er, wie einige behaupten, heute noch lebt und die Mädchen zwischen den Cashew-Bäumen aufscheucht. Einigen anderen zufolge wurde er gefangen und zum Schlachthof in Senhor do Bonfim gebracht, um als Büchsenfleisch nach Japan geschickt zu werden. Wenn wir Boneco richtig einschätzen, können wir uns denken, daß er vor seinem Abschied noch fünf Japaner mitgenommen hat und jedem hat er's gesteckt, der nicht vor ihm auf der Hut war. Ein ungezügeltes Vieh, das.

Ich selbst würde diese Geschichte nicht erzählen, besonders weil ich vielleicht nicht mehr in Bambanos Kneipe hineingelassen würde, wenn es da nicht ein Problem gäbe, das vor einiger Zeit aufgetaucht ist, nach dieser Sache mit Boneco und Suspiro. Es ergab sich, daß ich in Salvador war und an einer Ampel auf Grün wartete, als ich einen Bus aus Federação betrachtete, und wie groß war meine Überraschung, als ich bemerkte, daß alle Insassen, die mich freundlich anschauten, so dreinblickten wie der verblichene Suspiro. Je länger ich hinsah, desto mehr ähnelten die Leute alle Suspiro. Ich hätte dem keine weitere Bedeutung beigemessen, wenn ich nicht immer öfter lauter Suspiros vor mir gesehen hätte, seit dem Tag, an dem Tonho von seiner Abschlußprüfung heimkam, mit Talar und allem, und ich konnte gar nicht hinschauen, weil er Suspiro so ähnlich sah. Auf einer Hochzeit von Freunden aus Sergipe hatte das Brautpaar Gesichter wie Suspiro, und ich war gezwungen, mit meiner Mutter, die viel Geduld mit mir hat, draußen vor der Kirche zu warten. Auf dem Cocktail von einer Automobilverlosung, wo ich teilnahm am Verkaufsstand der Firma, bei der ich meinen Bausparvertrag abgeschlossen hatte, überall hatten die Menschen ein Gesicht wie Suspiro. Eigentlich kam mir nur das Gesicht vom Bausparkassenmenschen mit seinem Maultierausdruck und seinen obszönen Augen wirklich so wie das von Boneco vor, und noch einige wenige andere Gesichter, die meisten davon habe ich im Fernsehen gesehen.

Und meine größte Sorge begann, als ich der Einladung eines Freundes folgte, in seiner Firma zu arbeiten, Abteilung Verkauf von Pensionen und Pfandbriefen, Seien Sie Unbesorgt, Ihre Zukunft Ist Bei Uns Gesichert und so weiter. Mein Freund erklärte mir, wir seien Teil der größten Erfahrung der westlichen Welt und daß alles besser werden würde und eines Tages das Leben uns bei Sonnenaufgang lächeln würde. Ich war sehr glücklich darüber und spürte eine angenehme Wärme in meiner Brust aufsteigen, bis ich in den Spiegel an der Wand sah, und je länger ich mein Spiegelbild betrachtete, desto mehr fand ich mich Suspiro ähnlich. Mein Freund sagte, »du wirst mehr als 30000 im Monat verdienen«, und da sah ich in den Spiegel und erkannte, daß mein Lächeln genau wie das von Suspiro war, und auch meine Ohren waren gewachsen, so daß ich mich sofort zurückzog, auf die Straße lief und sah, daß die meisten Menschen wie Suspiro aussahen. Folglich mußte ich dies meiner Familie mitteilen, die nicht überrascht, aber unangenehm berührt war, da ich ein weiteres Mal bewiesen hatte, daß ich unfähig war, selbst für meinen Lebensunterhalt zu sorgen. Die Familie riet mir, niemandem mehr ins Gesicht zu schauen, weil so etwas eben vorkommt und man dann nichts dagegen machen kann. Sie blieb umsichtig und geduldig. Wie meine Mutter halt immer sagt: dieser Junge ist nie bei Verstand gewesen. Und wirklich habe ichs immer ein bißchen schwer gehabt mit dem Denken.

Der Magnat der Wählerstimmen

Nur wenige haben hier Geld, die ganze Gegend ist sehr arm. Das heißt, arm an Geld, aber ein Kinderspiel ist das nicht, weil, wir sind die reichste Gegend der Welt. Nämlich die Bodenschätze, fragen Sie, wen Sie wollen. Von hier bis zu den Bergen gibt es keine Landepiste, die die Amerikaner nicht mit Edelsteinen vollstopfen, und zwar nicht mit diesen kleinen Turmalinen aus Minas Gerais, diesen, wie heißen sie noch, Aquamarinen, sondern mit guten Steinen, Diamanten, Rubinen, Smaragden, Kilos über Kilos. Und das alles gibt es hier; Magnesium, Erdöl, Steinkohle, in den Bergen sogar Äpfel und Weintrauben, kaum zu glauben. Aber was das Geld angeht, da sieht es schlecht aus, besser gesagt, mehr als schlecht. Aber ein paar, also ein paar Leute mit Vermögen haben wir schon. Einige wurden ziemlich reich damals, als Kaffee vernichtet wurde. Hier baute kaum einer Kaffee an, aber es wurde Kaffee vernichtet, daß die Bank nicht mehr wußte, wo all das Geld herholen, weil alle Welt Kaffee vernichtete. Vitorio Salim riß Sägegras und Schilfgras und wilde Maniok aus, alles, was er auf seiner Fazenda fand, das riß er aus, und jedes kleine Loch, das er fand, hat er mitgezählt und immer alles mit diesem Gerede vom Vernichtungsprogramm. Da war ziemlich viel Geld drin, denn Vitorio Salim wurde damit Millionär und viele andere wurden reich und einige wohlhabend, viele Leute, Inspektoren, Beamte und sogar die Leute, die die Pflanzen ausrissen, verdienten Geld, es reichte, um für eine Weile das Elend zu verdrängen, und João Grilo, der gleich zu Anfang das Unkraut ausgerissen hatte, kaufte sich sogar einen Transistor mit dem Geld vom Ausreißen. Heute, wo die alle dran reich geworden sind, haben die in der Regierung das Programm vom Ausreißen aufgegeben und lassen wieder alles neu anbauen, und dabei verdienen sie ich weiß nicht wieviel Cruzeiros pro Kaffeesetzling. Dann ernten und verkaufen sie, dann reißen sie wieder raus, dann pflanzen sie, und so geht das weiter. Ich finde das nur richtig, das ist bestimmt zum Besten der brasilianischen Wirtschaft, man muß derlei Dinge, die man nicht versteht, respektieren.

Dann sind da noch die Leute, die Rinder züchten und sich ständig beklagen und welche, die hin und wieder Milch in den Fluß schütten, zwei Kaufleute und Jacinto Góes. Jacinto Góes ist das größte Vermögen in unserer Gegend, und man sieht ihm an, daß er ein einfacher Mann ist, der nie rausgekommen ist, höchstens mal zu einem Ausflug oder einer Geschäftsreise, aber wohnen tut er hier, ein Mann, der wenig redet, für seine Enkel lebt, dieses ganze Geld hat, aber ausgeben tut nicht er es, sondern seine Familie. Jacinto Góes ist mit der Politik reich geworden. Vor der Politik war er Arbeiter auf einer Fazenda, er wurde, glaube ich, Aufseher, er konnte sogar lesen, aber das wars, und alle erinnern sich noch an ihn, wie er barfuß Sagokuchen auf dem Markt verkaufte. Aber plötzlich, da verdient dieser Mann doch Geld mit der Politik, immer mehr, und heute ist er das, was wir vor uns haben, er weiß nicht mehr, wohin vor lauter Geld. Und sobald seine Lebensumstände sich gebessert hatten, ließ er von der Politik ab, weil er kein Politiker ist, Politik nicht ausstehen kann, er ist ein sehr anständiger Mensch.

Nicht, daß ich etwas gegen die Politik hätte, ich glaube, die Politik bringt den Fortschritt, nicht wahr? Die Politik ist mit der Regierung oder gegen die Regierung, und alle hier waren so rum oder so rum immer darum bemüht, mit der Regierung zu sein, weil das mehr Vorteile bringt. So blöd ist ja keiner. Von allen Berufen ist der beste die Regierung, weil das ein so guter Beruf ist, daß selbst die, die ihn nicht ausüben, aber in der Nähe sind, die Segnungen erhalten. So können Sie beobachten, wie einer gewählt oder ernannt wird, und kurz darauf kauft er schon Haus und Grundstücke, eine Fazenda, und die Verwandtschaft richtet sich auch ein, das heißt, es bringt einen großen Fortschritt für denselbigen. Wir sehen hier nicht viel von der Regierung, wir erfahren die Dinge vom Hörensagen, aber das, was wir hören und sehen können, darüber machen wir uns unsere Gedanken. Die Militärs auch, die Militärs, wo die doch der Regierung so nahestehen, als General und Oberst und so was, also die Militärs haben großen Nutzen davon gehabt, da gab es Fortschritt. Die Militärs wurden immer geachtet, ich glaube, seit Napoleon und dem Duque de Caxias und allen diesen Helden spricht kein kluger Mensch schlecht von ihnen. Es gibt ja auch nichts zu reden, da sei Gott vor, was soll man schon schlecht von ihnen reden, ich habe das nie getan, ich sage nur Gutes, und wenn einer von denen an meinen Stand auf den Markt kommt, dann bin ich immer sehr zuvorkommend. Der sagt, wär doch nicht nötig, ich sage, das weiß ich, daß das nicht nötig ist, er nimmt dann was mit,

und so machen wir das, man muß in diesem Leben wissen, wie man zurechtkommt. Aber niemand kann abstreiten, daß die Militärs ihr gutes Fortkommen mit der Regierung haben. Heutzutage brauchen sie nicht einmal mehr eine Uniform zu tragen wie früher, weil es lauter so kleine Jobs gibt, sie sind alle Direktor von einer Firma, das heißt, die haben das alle gut hingekriegt, sind ja nicht umsonst alles Leute, die an der Militärakademie studiert haben, alles Leute mit Köpfchen.

Und die Vorteile, die man bei der Regierung und mit der Politik bekommt, sind nicht nur von dieserlei Art. Wenn es nach mir ginge, sollten die Händler vom Markt in die Politik gehen, aber so leicht ist das eben doch nicht. Wenn die Politik erwiesenermaßen eine so gute Sache ist, dann glaubt doch nur ein Rindvieh, man würde da einen reinlassen, der nicht geschickt genug ist und Ellenbogen hat. Ist doch selbstverständlich. Also, da kämpft sich einer ab, um reich zu werden, alle wollen was davon haben, dabei bringt der bloß alles ins Schleudern, na und dann? Da soll für alle was abfallen? Diese und andere Sachen muß man sich fragen, bevor man dummes Zeug daherredet. Wenn man in die Regierung und in die Politik will, da muß man dafür geeignet sein, und die Wahrheit ist, daß man nicht irgendeinen Hanswurst ranläßt, das ist die Wahrheit, ist das. Also die Regierung hier, als die Überschwemmung war, die hat Geld gegeben, um die Häuser von allen wiederaufzubauen, aber es hat nur gereicht für die Leute aus der Politik, sogar für die ganz Reichen. Das hat sich sozusagen als eine Gerechtigkeit herausgestellt, weil die Reichen ja mehr zu leiden hatten unter einem be-

schädigten Haus, wo die Armen ja daran gewöhnt sind, nicht wahr. Und es war die Regierung, die das Geld für das Ausreißen auf die Bank gelegt hat. Und wen die schon alles eingestellt haben, sogar Leute, die hier kein Mensch kennt, das kann man gar nicht mehr zählen. Also gibt es keinen Grund zur Klage, so funktioniert das eben, wer das nicht versteht, der will das nicht verstehen.

Zum Beispiel ein Mensch, den ich sehr bewundere, weil er das richtig begriffen und Verstand bewiesen hat, das voranzutreiben, das ist Jacinto Góes, sehen Sie, ich verkaufe hier Jabá-Früchte, und der ißt nicht einmal mehr Jabá, wahrscheinlich macht er sich nichts mehr draus, recht hat er. Ich verstehe das, aber ich bin zu ungeschickt, damals habe ich die Sache nicht verstanden. Und sehen Sie nur! Er hat das alles mit der Politik erreicht, aber ohne sich die Hände schmutzig zu machen mit dem Dreck in der Politik, das bewundere ich am meisten. Das heißt, er brauchte nichts gegen sein gutes Gewissen zu tun, das ist wirklich das Schönste an der ganzen Sache. Die Politik kann nämlich sehr gut sein, aber auch sehr schmutzig, das ist die Wahrheit. Ich habe es satt, daß einer mit der Familie im Streit liegt, eine häßliche Frau heiratet, beim Beichten schwindelt, Scheiße frißt, als würde es ihm schmecken und so weiter, alles wegen der Politik. Also, da ist ein Mangel an Ethnik, und der kriegt alles. Wir haben hier – und wenn er auch mein Gevatter ist, er hat seine Fehler – zum Beispiel Rammsis den Barbier, Rammes de Loloca, der will in die Politik, glaube ich, und der sagte, daß der Präsidentengeneral oder aber der Ministergeneral, jedenfalls einer von den Obersten, dies wär und

das wär und jenes, und der dümmste Esel von allen Eseln, und der würde schlimmer als die Raben klauen, der wär der größte Verbrecher unter den Mördern und so fort in dieser Art weiter, ein Gerede, das noch keinem eine Zukunft oder ein eigenes Haus eingebracht hat. Also gut, der Politiker kommt nach Jeremoabo, schickt seinen Assistenten vorbei, und der spricht mit Rammsis, ohne überhaupt zu wissen, ob der nun Maniküre macht oder Barbier ist oder was, und Rammsis bittet um einen Rollstuhl für die Schwiegermutter und schwindelt das Blaue vom Himmel runter, was der General alles Tolles ist und so. Also, der versteht rein gar nichts, schauen Sie, wer mit einem Rollstuhl in der Politik anfängt, der soll eine Zukunft haben?, na, dem fehlt doch das Kaliber dazu. Aber daran kann man den ganzen Dreck erkennen, den Jacinto Góes nie angefaßt hat, das erzählt er selbst jedem, der ihn fragt.

Er selber erzählt von den Wahlen, daß wenig Zeit war, aber sie reichte aus, daß einer, der schlau genug war, die Gelegenheit ergreifen konnte, die Gott ihm da gab, wenn man bedenkt, daß Gott immer gibt und wir das nur nicht merken, es war sehr knapp mit der Wahl. Nicht für den Präsidenten selber, wo alle Leute die wählen würden, die sowieso gewinnen, aber wegen anderer Sachen. Er selber erzählt, daß er an dem Freitag mit seinen Sagokuchen vorbeikam und noch drüber nachdachte, wie wenig er die ausstehen konnte, als Diderô Machado, der Bruder von Mirabô Machado und Neffe vom alten Robespierre aus der Familie von Zé Fuchê Machado, ein sehr geachteter Mann bei uns, schon verblichen, dieser Diderô also zu Jacinto sagt, komm her. Und dann erzählt Diderô Machado, er hätte ein Problem, weil Mirabô Kandidat wär für einen Abgeordnetenposten aber schon gewählt wär, und daß er so einiges empfehlen müßte, damit sie in Palmeira Grande auch noch ein paar Wählerstimmen bekommen, was der Distrikt einer anderen Familie ist, und weil Jacinto doch ein geachteter Mann wär, und ob er Unterstützung besorgen könnte für die Kandidatur von seinem Vetter Luiz Felipe, und er redet weiter und weiter, daß Jacinto, wie er selbst sagt, überhaupt nichts versteht und schon glaubt, das wär alles der Dreck von der Politik. Aber dann sagt Diderô, er gibt ihm Geld und mit diesem Geld soll er Wählerstimmen in Palmeira Grande besorgen. Aber was kostet eine Stimme? fragt Jacinto. Oh, das weiß ich nicht, antwortete Diderô, das mußt du machen.

Schauen Sie, also wenn das nicht einen Geschäftsmann hellhörig macht, nicht wahr. Er sollte die Ware übergeben zum Preis, den er ausmachte, das heißt, ein besseres Geschäft konnte es für einen, der den Handel im Blut hat, nicht geben, und da hat Jacinto bewiesen, daß er Köpfchen hat. Er kam hin, redete einzeln mit den Leuten, fragte nach dem Preis und handelte mit ihnen diskret was aus. Als sein Geschäft anfing – das kommt einem heute wie ein Scherz vor, wenn man sein Hauptgebäude in Bahia sieht –, da setzte er sich in ein geliehenes Zelt und stellte eine kleine Theke auf, mit einem Blatt Kanzleipapier und einem Bleistift, und los gings mit der Arbeit. Von Anfang an hat er es so gemacht, sagt er, wie er es im Kino gesehen hat. Eine Hälfte hat er vorher bezahlt, eine danach, eine Hälfte wurde mit der Schere durchgeschnitten und dem Kunden gegeben, die andere Hälfte behielt er, um sie nach der Wahl zu übergeben, und alles schön aufgeschrieben. So gab es keine Gefahr, daß einer böse wurde, obwohl die Leute hier sehr ehrlich sind und ihn nicht betrügen würden, aber das Geheimnis von Jacintos Geschäften war immer: der Kunde war zufrieden mit ihm, und er war zufrieden mit dem Kunden.

Bei dieser ersten Wahl war Diderô Machado sehr zufrieden mit Jacintos Arbeit, und der hat als guter Geschäftsmann ganz gut dabei verdient, und der Kaufpreis war nie der Verkaufspreis, wie eine Art Vermittlung war das. Ich weiß, daß Jacinto bei der nächsten Wahl schon einen alten Jeep angezahlt hatte und ein Werk in sieben Bänden las, »Der Schlüssel zum Triumph«, da stand drin, daß der Schlüssel die Arbeit ist, und alle müßten mitmachen, also handelte er die Stimmen aus, und seine Frau und die Kinder verkauften auf dem Markt, nicht nur Sagokuchen und Kokosmakronen, die heute noch sehr berühmt sind, auch kleine Pasteten und anderes, was die Familie die halbe Nacht über herstellte.

Weil, im Süden, da weiß das niemand, sonst hätte es bestimmt Reportagen über seine Karriere gegeben, so wie über die großen Geschäftsleute wie Henrique Ford oder Jonas Rockyfello, die aus dem Nichts gekommen waren und Erfolg hatten. Wegen seiner Arbeit und weil er seriös war, wuchs sein Geschäft und ging über mehrere Städte hier in der Gegend, über die ganze Gegend eigentlich, auch die Kokosmakronen und die kleinen Pasteten, es waren sogar schon Vettern und Kusinen in den Städten auf allen Märkten, alle mit dem gleichen Schild »Leckerbissen«, bis heute ist das noch so, nur alles aus Plastik inzwischen, sogar das Essen. Aber das Wichtigste am Geschäft waren die Wählerstimmen, da war er am besten. Einmal kaufte er alle Wählerstimmen – und das ohne einen Pfennig auf der Bank aufzunehmen, mit Eigenkapital und Vorschüssen auf große Bestellungen – zwei Jahre im voraus, und als die Wahl kam, gab es keine einzige freie Stimme mehr, alles war bei ihm gelagert. Mit den gestiegenen Lebenshaltungskosten war der ganze Vorrat praktisch gratis. Als er alles an die Machados verkaufte, wollten die Leute von Ruy Pinheiro alles noch einmal kaufen, zu einem höheren Preis, aber er hat nicht verkauft, er ist die Ehrlichkeit in Person, er hat nicht aus Gewinnsucht gewonnen, auch bei den Kunden keinen Unterschied gemacht, sagt er. Wenn ihm einer mit Politik kam, dann stieg er nicht ein, machte nicht mit. Und damals, als er die Wählerstimmen alle so billig gekauft hat, da gab er allen Wählern eine Prämie und verloste drei Geschenke, sogar einen Plattenspieler. Das Ergebnis davon war, daß oft einer zu einem von seinen Kunden ging, um eine Wählerstimme zu kaufen, und derjenige verkaufte nicht: entschuldigen Sie, ich bin seit vielen Jahren Kunde von Jacinto. Ich kann ihn doch nicht beschwindeln.

Na ja, und alle Politiker haben ihn umschmeichelt und boten ihm alles Mögliche an und luden ihn ein und so, aber er hat nie mitgemacht. Wer mit ihm zusammen sein wollte, konnte sonntags zu ihm nach Hause gehen, wo seine Leute Kokosmakronen und kleine Pasteten machten in einer Backstube, die er im Hof eingerichtet hatte, und er saß da und las den »Schlüssel zum Triumph«. Bei der letzten freien Wahl 1964, oder bei der vorletzten, ich weiß nicht mehr genau, hatte er schon eine Flotte von Kleinlastern und handelte Wählerstimmen im ganzen Bundesstaat aus. Er hatte ein großes Büro, das war alles richtig überlegt und aufgeschrieben, alles sehr wichtig, sogar mit Maschinen. Manchmal investierte er noch, wie er selbst erzählt. Zum Beispiel hatte er schon die Stimmen von diesem und jenem Ort auf Lager, und dann gab er einem Kandidaten gegen eine Extragebühr davon Stimmen ab. Also dumm war er auch nicht, er machte das alles mit zwei guten Wechselbürgen, hob die Briefe in der Schublade auf oder verkaufte sie auch, wenn einer drei oder vier Posten im Bundesstaat brauchte, und so ging das. Wie bedeutend und reich der Mann ist, das kann man sich kaum vorstellen, heutzutage. Als 64 die Militärs rankamen, haben sie ihn gefragt, ob jetzt sein Geschäft aus wäre, aber er sagte nein, daß er diesen Geschäftszweig schon seit langem aufgeben wollte und daß die Erfahrung lehrte, die Geschäfte würden nur noch besser gehen. Und in der Tat war das so, wie er selbst erzählt: es gibt immer Leute, die ihre Hände ins Geld stecken, und wenn die Regierung wechselt, dann wechseln nur die Hände. Wie ich immer gesagt habe: Das einzige, was einem Zukunft bringt, ist die Politik.

Der Tag vom Schweineschlachten war anders

Wenn ein Schwein geschlachtet wurde, war der Tag anders, dann wußte man lange vorher, daß an jenem Tag ein Schwein geschlachtet werden würde. Man wußte es sogar viele Tage im voraus, obwohl man in Wirklichkeit nie ganz sicher war, weil die Erwachsenen auf eine vage, unbestimmte Art über das Schwein sprachen. In Wahrheit verlief der Tag, an dem zum ersten Mal ein Schwein geschlachtet wurde, so, daß ich nie daran rühren möchte. Eines Tages, beim ersten Mal, schienen alle früh aufgewacht zu sein. Und die älteren Kinder, sogar die wenig älteren, schienen verändert. Sie wußten schon, daß an diesem Tag ein Schwein geschlachtet werden würde, und sprachen meistens davon, wenn sie Tröge hinstellten und die Schnüre für die Würste ausbreiteten und Geschichten von früheren Schweinen erzählten, den besten Schweinen, die diese Gegend je gesehen hatte, den besten der Stadt. Also diese Älteren konnten einfach sagen: heute wird ein Schwein geschlachtet. So einfach stellten sie das fest, aber die Augen der kleineren Kinder leuchteten, und wenn sie aus dem Bett stiegen, fragten sie sich als erstes, ob Ferien waren oder nicht, ob es Sonntag war oder nicht, denn wenn diese Jungen und Mädchen an den Augen der anderen Kinder in ihrem Alter erkannten, daß sie das auch noch nicht erlebt hatten, gaben sie die Nachricht fast atemlos weiter und spähten in die Winkel, als ginge es um eine Verschwörung. Heute wird das Schwein geschlachtet. Und vielleicht war es eines dieser Themen, bei denen die Erwachsenen sich solche Blicke zuwarfen, wenn man nachfragte, jene geheimnisumwobenen Themen, die Schweigen in ein Wohnzimmer brachten und unbekannte Gesten bei den Älteren bewirkten, wenn ein Kind den Raum betrat. Aber es war immer ein sonniger Tag, wenn ein Schwein geschlachtet wurde, und aus irgendeinem Grund blieben die Kinder an diesem Tag unbehelligter als sonst. Nun, nach einer gewissen Zeit wachten die Kinder auf und wußten schon, daß ein Schwein geschlachtet werden würde, und vielleicht, wenn sie Glück hätten, könnten sie einem kleineren Bruder oder einem Mädchen aus der Nachbarschaft erzählen, sie würden dabeisein, damit sie beim anderen Verwunderung und Neugier erleben und so ihre Kenntnis und diese Attraktion vorzeigen konnten. Die Kinder, die den Tod des Schweines noch nicht miterleben durften und die auf ihre Frage, was die schrillen, nie zuvor vernommenen Schreie bedeuteten, zur Antwort bekamen: »Das ist das Schwein, mein Kind, das ist das Schwein, mein Kind«, durften beim Schweineschlachten zwar nicht zuschauen, konnten aber mit dem Mann sprechen, der das Schwein schlachten sollte, und oft nahmen sie all ihren Mut zusammen und fragten: Bist du der, der das Schwein schlachtet? Und meistens antwortete er, lächelnd, als würde er gar kein Schwein schlachten: Ja. Wenn der Schweineschlächter ein Fremder war, dann mußte man einen gewissen Abstand halten zu einem, der den Tod in einem Lächeln bei sich hatte, und wenn einige Kinder sich tatsächlich mit ihm unterhielten, gingen sie doch nie allein hin, entfernten sich auch nicht von den ihnen bekannten und vertrauten älteren Menschen. Aber es gab Kinder, deren eigener Vater das Schweineschlachten übernahm, und an so einem sonnigen Morgen, wenn der Tag anders anbrach als sonst und die Dinge nie mehr so wie vorher sein würden, war vor allem der Vater völlig anders. Auf so einen Vater konnte man nur stolz sein, aber es war merkwürdig, daß man vor dem eigenen Stolz Angst bekam, und das zog den Kindern das Herz zusammen, und mit den Augen folgten sie immer ihren Müttern, denn die schlachteten keine Schweine. Manche Dinge mußte man sich selbst deuten, wenn der Vater redete oder irgendein anderer Erwachsener, und der Vater wirkte wie immer so bestärkend, wie er voller Zuneigung von den Tieren redete und von dem Leid einer Kuh sprach, deren Kalb sich bei der Geburt verheddert hatte. Für Aloisio und all seine Geschwister würde es immer ein merkwürdiger Augenblick bleiben, als der Vater sie alle mitnahm zur roten Sau Noca und sagte, diese Sau Noca sei ein Naturwunder. Und alle sahen, wie diese Sau Noca ihren vielen kleinen Ferkeln zu suckeln gab, und viele kamen immer wieder und bewunderten ihren fetten Speck, wie er sich über die kleinen quiekenden Schnauzen all der Ferkel legte, die einen achteten mehr darauf, wie die Ferkel größer wurden, die anderen betrachteten mehr die Sau und wünschten, sie könnte sprechen, und versuchten, ihre Gedanken zu erraten. An diesem Tag, als Aloisio das Mondlicht, das durch die Glasziegel schien, mit dem Tageslicht verwechselte und fast fieberte, weil er so gern aufstehen wollte, erfuhr er, daß das Schwein, das geschlachtet werden sollte, eben diese Sau Noca war, aber er wagte den Vater nicht zu fragen, warum er das tat, nicht so sehr aus Angst, daß der Vater böse werden könnte, denn das würde er sicher nicht, aber erklären würde er auch nichts, sondern vielmehr, weil er nicht wie ein dummer Junge dastehen wollte und nicht wollte, daß die Leute dann sagten, er dürfte beim Schweineschlachten nicht mehr zusehen. Er überlegte, daß die Sau Noca vielleicht deshalb niemals geantwortet hatte auf das, was er ihr hin und wieder gesagt hatte, selbst wenn die beiden allein waren und es ihr Geheimnis bliebe, weil sie schon wußte, daß er sie eines Tages verraten würde und er ihrer Exekution mit aller Kälte beiwohnen und bei dieser Gelegenheit lernen würde, wie er in Zukunft seine eigenen Schweine zu schlachten hätte, denn seine Frau würde von ihm als Mann gewiß erwarten, daß er die Schweine, die er aufzog und mästete, schlachten könnte, und auch sie würde das Schweineschlachten erleben wie ihre Mutter vor ihr und die Mutter ihrer Mutter und alle anderen Mütter, so ist die Welt eben eingerichtet. Aber er sprach nicht über das, was er empfand, und schämte sich auch zu fragen, um wieviel Uhr das Schwein geschlachtet werden würde, er folgte nun dem Vater überall hin. Da sah er, daß, auch wenn der Vater heute anders aussah als sonst, das Schweineschlachten nicht mehr als die Zeit des Schlachtens selbst brauchen würde. Denn der Vater mit dem Schlachtemesser im Gürtel, hatte Zeit fortzugehen, um Zigaretten in der Ladenschenke zu kaufen und noch in sein Heft mit dem blauen Einband zu schreiben. Und ohne ein Wort mit ihm zu wechseln, gab die Mutter Anweisung, die Sau Noca zum Ort des Todes zu bringen, und sie blieb und besorgte Essigbeizen,

Schüsseln, Zitronen und alle Gewürze, die sie auf dem großen Herd in einer Ecke aufzustellen pflegte, über der Stelle, wo das Feuerholz lag, eine Art Festgeruch verbreitete sich schon, und an solch einem Tag konnte es sein, daß auch Verwandte kamen, deren Gesichter jedes Jahr andere waren und die immer ein wenig merkwürdig wirkten, vor allem, weil man sich verpflichtet fühlte, ihnen gegenüber eine gewisse Vertrautheit vorzuspielen. Die Hausmädchen und die Nachbarinnen und die Leute, die in die Küche und den Vorraum kamen, redeten mehr als gewöhnlich und auch viel lauter. Aloisio sah ungeduldig, wie der Vater in sein blaues Heft schrieb, vor allem, weil er vor jedem Strich oder Wort mit dem Stift Kringel in die Luft malte, ohne etwas zu schreiben, und er hatte den Eindruck, daß der Vater sterben würde, und dann ging er und sah zu, wie die Sau Noca zum Holzblock geführt wurde, wo sie sie festbinden und, ohne auf ihre Schreie zu achten, Wurst und Schinken und Haxen aus ihr machen würden. Er aber sollte den Tag nicht vergessen, an dem, er wußte nicht, wie lange das her war, sein Bruder Honorio, der jetzt im Seminar war und der Mutter Briefe schrieb, die sie abends weinend las, ihm so erfahren und elegant vorgekommen war. Damals hatte er ihm gesagt, als würde er etwas ganz Alltägliches bemerken, das Schwein Leleu würde geschlachtet werden und er dürfe zusehen, nicht aber Aloisio und noch weniger Leonor. Aloisio konnte nicht widerstehen und ging, als er Leonor an einen der Verandapfosten gelehnt sah und ihm einfiel, sie könnte fragen, woher die Schreie kämen, wenn sie anfingen, die Sau Noca zu schlachten, ein paar Schritte nach vorn, als hätte er sie nicht gesehen, hielt an und sagte ihr, als täte er der Schwester damit einen großen Gefallen, ins Ohr: Heute werden wir die Sau Noca schlachten. Und es bereitete ihm noch mehr Vergnügen, als er gedacht hatte, daß sie ganz blaß wurde und zu weinen begann. In diesem Augenblick fühlte er sich ein wenig gerächt für all die Male, wo sie im Vorteil gewesen war, weil der Vater sie immer anders anblickte, wenn sie von der Straße kam und er sie auf den Schoß nahm, und er selbst war nie so auf den Schoß genommen worden, und jetzt nahm ihn nur die Mutter auf den Schoß, aber sehr selten. Vielleicht würde der Vater jetzt kommen, vom Weinen herbeigerufen, und mit ihm schimpfen, aber Aloisio empfand eine seltsame Zuversicht, wie er sie nie zuvor gespürt hatte, und bevor der Vater eine Frage stellen konnte, zeigte er mit dem Daumen auf die Schwester und sagte: Sie weint, weil wir die Sau Noca schlachten, stell dir vor. Na, warum hast du ihr das denn erzählt, fragte der Vater, aber ohne ärgerlich zu sein, und strich ihr mit der Hand über den Kopf. Wenn ich das wäre, dachte Aloisio, würden sie mich auslachen. Aber dann tröstete ihn der Gedanke, daß die Schwester eine Frau war und Frauen viel weinten, und außerdem würde sie den Tod von der Sau nicht sehen. Und wirklich, als er schon in der Nähe des Holzblocks war und der Baum, der ihm vorher so vertraut gewesen war, jetzt geheimnisvoll einen drückenden Schatten warf und alle Gegenstände jetzt düster schienen, da setzte der Vater den rechten Stiefel auf eine Wurzel, um die Schnürsenkel enger zu binden und sagte leise etwas zu Aloisio, was dem die Hitze ins Gesicht trieb, jetzt wollte er doch ein richtiger Mann sein, daß ja keiner jemals sagen könnte, er hätte sich nicht wie ein Mann verhalten, und wenn es nur um dieses oder jenes ging. So sind die Frauen eben, sagte der Vater fast flüsternd, mit demselben amüsierten Lachen, das er hatte, wenn er leise mit seinen Freunden redete, und Aloisio, mit feuerrotem Gesicht, wiegte den Kopf und brachte, so tief er konnte, heraus: Ja, ja, genau. Dann war der Vater fertig mit dem Schnüren seines Stiefels und legte ihm die Hand auf die Schulter, und zusammen marschierten die beiden auf den Holzblock zu, und Aloisio fiel ein, daß auch er Stiefel trug, und die waren neu. Die Sau Noca war festgebunden und stöhnte schon, denn sie wußte genau, was los war. Aloisio nahm sich vor, die Augen nicht abzuwenden und keine Erregung zu zeigen, aber dennoch hatte er ungeheure Angst, nach all diesen Vorbereitungen, von denen er nichts geahnt hatte, als er sah, wie der Vater sich der großen Sau von hinten näherte und mit einem Gesicht, das weiter weg schien, als wenn er mit der Mutter über das Leben redete, das Messer hob. Das Schwein wurde nun geschlachtet, und um Aloisios Augen lag ein dunkler Kreis, und in ihnen konnte man die Sau Noca erkennen, die gerade geschlachtet wurde. Gleich zu Beginn kam weniger Blut heraus, als er gedacht hatte, aber dann wurde alles zu einem großen, roten spritzenden Klumpen, dazu Schreie und Flüche der Männer und hastige Bewegungen zwischen Schüsseln und Tüchern und Schnüren, und die Sau sackte in sich zusammen. Aloisio hielt den Atem an, er konnte nicht einmal sehen, wann sie damit anfingen, die Sau Noca auseinanderzunehmen wie jemand, der ein Haus abreißt und bemerkte nur, daß ihm übel war, er hatte nicht gewußt, daß soviel Schwarzes und Graues und Weißes und Rotes und Weiches und Pulsierendes und Glitschiges in einem Schwein war, und daß vieles davon einen furchtbaren Gestank verbreitete, und Vaters Hände waren voller Blut, es hingen Fetzen von allem daran und Schleim bis zu den Ellbogen. Er hatte nicht gewußt, daß sie auch mit Sägen und Hackbeilchen arbeiteten, und er biß die Zähne zusammen, während er den Männern zusah, wie sie die Schinken der Sau Noca auf dem Holzblock zersägten und die bereitstehenden Gefäße mit all dem Zeug füllten. Das da, sagte der Vater, als sie sich schon fertig machten, um nach Hause zu gehen, sind die Gedärme, die werden wir säubern und für Wurst verwenden. Er nickte mit dem Kopf und hoffte, der Vater würde nicht sehen, daß er die Augen geschlossen und nur einen flüchtigen Blick auf die Schüssel voller bläulicher, stinkender Schlangen geworfen hatte. Ohne ihn zu berühren, weil er schmutzige Hände hatte, machte der Vater ein Zeichen mit dem Kinn, und sie gingen nach Hause, und obwohl Aloisio wußte, daß er sich ganz tapfer gehalten hatte, schämte er sich, daß ihm übel war und er sich nicht genau erinnerte, was geschehen war. Er sah, daß seine Stiefel mit Nocas Blut bespritzt waren, und würgte. Sobald sie zu Hause ankamen, würde er gleich ins Bad gehen, aber rennen wollte er nicht, damit niemand etwas merkte. Und dann, die Zeit verstrich im Schneckentempo, kamen sie nach Hause und standen vor der Mutter, aber zum Glück hatte der Vater es eilig, sich zu waschen, und die Mutter mußte in der Küche alles vorbereiten, und zum

Glück wollte der Vater sich lieber am Wasserhahn hinten im Haus als im Bad waschen. Er hätte nie geahnt, daß man so schwitzen konnte, während er mit Papier die wirklichen und vermeintlichen Flecken seines Erbrechens im Badezimmer wegwischte, denn er hatte kaum die Tür hinter sich schließen können, als seine Backen sich füllten, und bevor er sich über die Toilette beugen konnte, brach es aus ihm heraus, als würde das Innerste nach außen gekehrt. Aber jedenfalls fühlte er sich besser und wischte sorgfältig den ganzen Dreck fort und wusch sich zweimal das Gesicht, einmal, weil er sich übergeben hatte, und einmal, weil er so schwitzte. Dann betrachtete er sich im Spiegel, um zu überprüfen, ob er so aussah, wie er aussehen wollte, wenn er das Bad verließ und an den Gesprächen über die Sau teilnahm, er öffnete die Tür und war froh, daß er noch etwas Zeit hatte, denn weder der Vater noch die Mutter waren auf der Veranda, es war ganz natürlich, daß er sich dort aufhielt, vor sich hinsah und frische Luft schöpfte, immerhin hatte er sein erstes Schwein erlebt. Es beschwerte ihn noch, was heimlich geschehen war, aber er vertraute darauf, daß nichts davon bemerkt worden war, und beim nächsten Mal würde es nicht so sein, obwohl er nicht glaubte, daß er den Mut haben würde, wieder zum Block zu gehen. Aber man wird ja älter, dachte Aloisio und stellte sich vor, daß ihm ein Schnurrbart wachsen würde, wenn er größer war, und dann sah er durch eine Türöffnung, wie der Vater sich zufrieden mit der Mutter unterhielt, während er sich mit dem Handtuch hinter den Ohren trocknete und sich damit über die Haare fuhr. Er spürte, daß sie über ihn sprachen, näherte sich der angelehnten Tür, legte das Ohr an den Türrahmen und hörte, wie der Vater zur Mutter sagte, und er wußte, es geschah mit einem Lächeln, wie fabelhaft Aloisio sich verhalten hat, als die Sau starb. Ein ganzer Kerl, sagte der Vater anerkennend, und Aloisio spürte, wie seine Augen feucht wurden, und Stolz empfand er und wieder diese Übelkeit, und er ging zurück auf die Veranda, ohne zu wissen, was mit ihm los war. Vielleicht kommt es daher, daß er jetzt, wenn er die ganze Familie an sonnigen Feiertagen vereint sieht oder wenn er vom Lärm der Kinder und Enkel und Neffen und Nichten und Eltern, der Großeltern und der ganzen Verwandtschaft aufwacht, wenn er sich unauffällig in eine Ecke setzt und all das betrachtet, einen Druck auf der Brust fühlt und den Eindruck hat, daß er, wenn ihn jetzt jemand anspräche, weinen würde und nicht mehr aufhören könnte.

Inhalt